Holt Spanish 2

Cuaderno de vocabulario y gramática

Teacher's Edition

HOLT, RINEHART AND WINSTON

A Harcourt Education Company

Orlando • **Austin** • New York • San Diego • Toronto • London

ISBN 0-03-074504-7

1 2 3 4 5 6 7   170   06 05 04

Table of Contents

To the Teacher

An important component of language proficiency is accuracy. The *Cuaderno de vocabulario y gramática* is designed to give students more practice in gaining accuracy with the words, phrases, and structures in *¡Exprésate!*

Each chapter provides six pages of vocabulary practice and six pages of grammar practice. The activities focus on the vocabulary and grammar presented in that chapter. Following the philosophy of the *¡Exprésate!* series, the activities may also include grammar and vocabulary that have been recycled from earlier chapters.

Every major grammar concept from the *Student Edition* is presented again in this workbook, so that students have another opportunity to understand these concepts before doing the practice activities.

These grammar and vocabulary activities are also available as transparencies in the *Teaching Transparencies* binder.

(iv)

Familiares y amigos

1 Mira los dibujos y decide cómo es cada persona o cada grupo. Completa cada oración con la palabra más apropiada.

extrovertidos	rubias	una bicicleta	morenos	serios
una silla de ruedas	bonito	activos	bajo	castañas

1. María está en ____una silla de ruedas____.

2. Rubén es ____alto____ y su hermano es bajo.

3. Soy ____atlético____.

4. Cristina y Noelia son ____rubias____.

5. A ellos les gusta charlar. Son ____extrovertidos____.

Nombre _____ Clase _____ Fecha _____

CAPÍTULO 1

VOCABULARIO 1

2 Adriana pregunta qué les gusta hacer a sus amigos. Escribe la letra de la oración más apropiada según el contexto.

  c **1.** Les gustan los deportes.

  e **2.** Les gusta quedarse en casa.

  d **3.** Prefieren pasar el rato solos.

  b **4.** Les encanta ir de compras.

  f **5.** Prefieren jugar al tenis.

  a **6.** Les gusta ir a fiestas.

> **a.** Los amigos se reúnen para bailar y hablar.
> **b.** Carla y Gema van al centro comercial.
> **c.** Rubén y Marcos juegan al béisbol y al fútbol americano.
> **d.** Juan y Laura leen revistas y estudian en sus cuartos.
> **e.** María y Patricia ven películas en la televisión.
> **f.** A Laura y a Adrián no les gusta la televisión, pero les gusta hacer ejercicio.

3 Manuel y Rosa son compañeros de clase. Completa la conversación con las expresiones del cuadro.

> ¿Cómo son tus padres?   ¿Cómo eres tú?   ven películas   soy
> ¿Qué haces todas las mañanas?   los fines de semana   me levanto   serio
> ¿Qué hacen tus amigos los fines de semana?   te levantas   alta

Rosa Yo (1)_____ soy _____ extrovertida.

(2)_____ ¿Cómo eres tú? _____

Manuel Soy muy (3)_____ serio _____ como mi papá y generoso como mi mamá.

(4)_____ ¿Cómo son tus padres? _____

Rosa Mi papá es muy activo y mi mamá también. Como ellos, yo

(5)_____ me levanto _____ a las 7:00 todas las mañanas. (6)_____ ¿Qué haces todas las mañanas? _____

Manuel Todas las mañanas me levanto temprano, pero

(7)_____ los fines de semana _____ me levanto tarde y luego veo a mis amigos.

(8)_____ ¿Qué hacen tus amigos los fines de semana? _____

Rosa Juegan al ajedrez o (9)_____ ven películas _____.

（2）

CAPÍTULO

VOCABULARIO 1

4 Ayuda a Mario a describir a su familia. Escoge la palabra que mejor completa cada oración.

__a__ 1. Mi padre trabaja en el jardín. Es _____.
    a. activo   **b.** alto   **c.** extrovertido

__b__ 2. Yo soy moreno, pero mis hermanas no. Ellas son _____.
    a. bonitas   **b.** rubias   **c.** simpáticas

__a__ 3. Mi madre prefiere estar con mucha gente y tiene muchos amigos. Es _____.
    a. extrovertida   **b.** bonita   **c.** alta

__b__ 4. Mi tío practica deportes todos los días. Es _____.
    a. tímido   **b.** atlético   **c.** introvertido

__c__ 5. A mi abuela le encantan los juegos de mesa. Ella juega al _____.
    a. tenis   **b.** fútbol americano   **c.** ajedrez

5 Contesta estas preguntas sobre ti, tu familia y tus amigos.   **Answers will vary.**
Possible answers:

1. ¿Qué te gusta hacer los fines de semana?
    Me gusta ir de compras y ver películas.

2. ¿Cómo eres?
    Soy rubia y baja. También soy muy atlética.

3. ¿Cómo son tus padres?
    Mi madre es morena y seria. Mi padre es rubio, alto y muy activo.

4. ¿Te gusta más ir al cine o ver televisión?
    Me gusta más ir al cine.

5. Y a tus amigos, ¿qué les gusta hacer?
    A mis amigos, les gusta jugar al fútbol y al tenis.

6. ¿Cómo es tu mejor amigo(a)?
    Mi mejor amiga es morena y alta. Es muy simpática y activa.

7. A tu mamá, ¿le gusta más leer o ir de compras?
    A mi mamá, le gusta más ir de compras.

Familiares y amigos

> ## Nouns and adjectives
>
> • Adjectives must agree in gender and number with the nouns they modify. Adjectives that end in **-o** or **-r** can modify masculine nouns and adjectives that end in **-a** or **-ra** can modify feminine nouns. Adjectives that end in **-e** or other consonants can modify either masculine or feminine nouns.
>
> • To form the plural of adjectives and nouns, add **-s** to a vowel or **-es** to a consonant.

6 Lee la nota que escribió María sobre su familia y después, contesta las preguntas con frases completas. **Answers will vary. Possible answers:**

Soy María y les voy a hablar de mi familia. Mi hermano mayor es Juan y mi hermana menor es Patricia. Juan es muy atlético y le gusta jugar al tenis y al fútbol americano. Patricia es muy tímida. Por eso ella prefiere pasar el rato sola leyendo revistas. Yo soy muy activa, y me encanta trabajar en el jardín con mi madre los fines de semana. Los tres somos altos, como mi padre, pero tenemos los ojos de color café, como mi madre.

1. ¿Cuál de los tres hermanos es el mayor?
   Juan es el mayor de los hermanos.

2. ¿Cómo es la hermana menor de María?
   La hermana menor de María es tímida.

3. ¿Qué tienen en común *(in common)* los hermanos y su padre?
   Los hermanos y su padre son altos.

4. ¿Qué tienen en común los hermanos y su madre?
   Los hermanos y su madre tienen los ojos de color café.

5. ¿Por qué Patricia no juega al fútbol ni al tenis?
   Patricia prefiere pasar el rato sola leyendo revistas.

7 Sandra describe lo que le gusta hacer a su familia. Escoge la forma correcta de los verbos entre paréntesis para completar cada frase.

1. A mí _____**me gustan**_____ (me gusta / me gustan) los deportes.

2. A mi hermano _____**le gusta**_____ (le gusta / les gusta) ir al cine.

3. A ellos no _____**les gusta**_____ (le gustan / les gusta) quedarse en casa.

4. A Carlos y a mí _____**nos gusta**_____ (nos gusta / nos gustan) la música clásica.

5. A ustedes _____**les gustan**_____ (le gustan / les gustan) los videojuegos.

(4)

GRAMÁTICA 1

Present tense of regular verbs

• Remember to form the present tense by replacing the **-ar, -er, -ir** endings with the appropriate ending for each subject.

---

8 Mónica habla por Internet con Claudia sobre lo que hace en el colegio. Completa el párrafo con la forma correcta del verbo entre paréntesis.

Por la mañana yo (1)____**asisto**____ (asistir) a clases. Mis amigas y yo

(2)____**hablamos**____ (hablar) con los profesores sobre la tarea. Después, mi mejor

amiga (3)____**come**____ (comer) su almuerzo y yo (4)____**tomo**____ (tomar)

leche. Luego (5)____**hablo**____ (hablar) por teléfono un momento. Después de

las clases, algunos compañeros (6)____**nadan**____ (nadar) en la piscina del colegio

y otros (7)____**corren**____ (correr). Yo (8)____**monto**____ (montar) en bicicleta

para regresar a casa. Y tú, Claudia, ¿(9)____**montas**____ (montar) en bicicleta o

(10)____**caminas**____ (caminar) para llegar a casa?

Present tense of stem-changing verbs

• Remember that some verbs have a stem change in the present tense (**o>ue, u>ue,** and **e>ie**). The **nosotros** and **vosotros** forms do not have stem changes.

| jugar | dormir | preferir | poder | pensar | empezar | querer |

9 José habla contigo y con otros compañeros de sus actividades después de las clases. Completa las oraciones con la forma correcta del verbo más adecuado *(most appropriate)*. Puedes usar cada verbo más de una vez.

1. A Tomás y Rosa no les gusta el autobús. ____**Prefieren**____ caminar.
2. Nosotros ____**jugamos**____ al fútbol cuando hace buen tiempo.
3. Cuando llueve ellos __**pueden / prefieren**__ jugar al ajedrez.
4. Tú ____**empiezas**____ la tarea temprano.
5. Joaquín no ____**quiere / puede**____ descansar después de las clases. ____**Prefiere**____ leer.
6. Mis compañeros ____**piensan**____ que trabajar en el jardín es divertido. Yo ____**pienso**____ que es aburrido.
7. Tú ____**duermes**____ la siesta al llegar a casa.

Present tense of e>i and other irregular verbs

• Remember that in the present tense, **pedir** and **servir** change the letter **e** to **i** in all forms except **nosotros** and **vosotros**. The verbs **salir, poner, hacer, traer, saber, venir,** and **tener** have an irregular **yo** form.

10 Ricardo quiere saber qué haces durante la semana. Contesta sus preguntas con frases completas. **Answers will vary. Possible answers:**

1. Cuando estás muy cansado(a) por las mañanas, ¿qué haces?
   Yo salgo para la escuela más tarde.

2. ¿Sabes cocinar algún plato mexicano?
   Sí, sé cocinar empanadas.

3. ¿Qué música pone tu hermana para estudiar?
   Pone su CD favorito.

4. ¿Qué piden tus amigos para beber en la cafetería del colegio?
   Piden leche o agua para beber.

5. Mis amigos y yo traemos CDs al colegio. ¿Qué traes tú?
   Yo traigo mi libro de aventuras.

11 Usa la información abajo para escribir oraciones completas indicando qué hacen Ana, Luis y Laura los fines de semana.

MODELO Yo / levantarse / las siete y media
   Yo me levanto a las siete y media.

1. Laura / secarse / el pelo después de bañarse
   Laura se seca el pelo después de bañarse.

2. Yo / bañarse / a las nueve y media.
   Yo me baño a las nueve y media.

3. Ana y Laura / lavarse / antes de salir de casa.
   Ana y Laura se lavan antes de salir de casa.

4. Laura y Luis / levantarse / las ocho
   Laura y Luis se levantan a las ocho.

5. Luis y yo / acostarse / temprano
   Luis y yo nos acostamos temprano.

Nombre _____ Clase _____ Fecha _____

Familiares y amigos

12 La familia Rodríguez se prepara para celebrar el cumpleaños de la abuela. Completa lo que dice el abuelo con la palabra más apropiada.

1. Esta noche ___**vamos**___ (vamos / tenemos) a celebrar el cumpleaños de la abuela.

2. Papá ___**está**___ (es / está) ocupado.

3. Está ___**decorando**___ (ayudando / decorando) el patio.

4. Mamá está preparando la ___**cena**___ (almuerzo / cena)

5. Todos tenemos que ___**ayudarla**___ (limpiarla / ayudarla)

6. Nosotros vamos a ___**limpiar**___ (sacar / limpiar) los cuartos.

13 Mónica y su familia pasan un fin de semana de vacaciones. Di qué piensan hacer escribiendo la letra de la frase más apropiada según el contexto.

MODELO
A Mónica y a su familia les gustan los árboles y los jardines. Piensan __**f**__.

A Mónica y a su familia...

1. Les gustan los animales. Piensan __**d**__.

2. Les gusta el arte. Piensan __**a**__.

3. Les gusta caminar por las calles. Piensan __**c**__.

4. Les gustan los tamales, las flores y los dulces. Piensan __**e**__.

5. Les gusta el agua. Piensan __**b**__.

> **a.** visitar un museo
> **b.** pasear en bote
> **c.** ir a conocer el centro
> **d.** ir al zoológico
> **e.** ir de compras al mercado
> **f.** ir a conocer el parque

7

14 Completa estas oraciones con una palabra adecuada del cuadro. No vas a utilizar todas las palabras.

| quiero | mercado | comida | olvides | puedo | conocer | césped |

MODELO No te **olvides** de limpiar el cuarto.

1. Vamos a ____conocer____ el centro de la ciudad.

2. Yo quiero ir de compras al ____mercado____.

3. Mi hermano se queda en casa. Necesita cortar el ____césped____.

4. Mi madre también está en casa. Ella está preparando la ____comida____.

5. Mi padre le pregunta: ¿____Puedo____ ayudarte?

15 Unos amigos hablan sobre sus planes después de las clases. Responde a sus preguntas con la palabra o expresión más apropiada entre paréntesis y otros detalles para formar una frase completa. **Answers will vary. Possible answers:**

MODELO
¿Qué quieres hacer esta tarde?
Quiero ir a la playa. (Adónde / Quiero)

1. ¿Adónde piensan ir esta noche tú y tus amigos?
Vamos al parque esta noche.
_____ (vamos / ayudamos)

2. ¿Prefieres ir al centro o a visitar un museo?
Prefiero ir al centro.
_____ (prefiero / necesito)

3. ¿Qué te gusta mirar en la televisión?
Me encanta mirar el fútbol americano.
_____ (me levanto / me encanta)

4. ¿Adónde piensan ir tú y tu familia el fin de semana?
Tenemos ganas de ir a la playa.
_____ (tenemos ganas / no estamos)

5. ¿Tienes planes para esta tarde?
No sé qué voy a hacer esta tarde.
_____ (no te olvides / no sé)

16 Carmen pregunta a su mamá cómo puede ayudarla. Di qué debe hacer usando las palabras en paréntesis.

MODELO
¿Qué hay que hacer en la cocina? (tener / sacar la basura)
Tenemos / Tienes que sacar la basura.

1. ¿Qué hay que hacer en el baño? (tener / limpiar)
   Tienes / Tenemos que limpiar.

2. ¿Puedo ayudarte? (sacar la basura)
   Sí, saca la basura.

3. ¿Qué hay que hacer en la cocina? (deber / poner la mesa / lavar los platos)
   Debes / Debemos poner la mesa y lavar los platos.

4. ¿Qué más tengo que hacer? (deber / poner / postre / refrigerador)
   Debes poner el postre en el refrigerador.

5. ¿Qué más hago? (pasar / aspiradora / sala)
   Pasa la aspiradora en la sala.

6. ¿Algo más? (sí / no olvidarse / cortar / césped)
   Sí, no te olvides de cortar el césped.

17 Contesta las preguntas sobre ti y tus quehaceres domésticos *(chores)*.
Answers will vary.
Possible answers:

1. ¿Prefieres pasar la aspiradora o sacar la basura?
   Prefiero pasar la aspiradora.

2. ¿Te gusta más ayudar en la cocina o trabajar en el jardín?
   Me gusta más trabajar en el jardín.

3. ¿Qué quehaceres domésticos tienes que hacer todos los días?
   Tengo que sacar la basura y limpiar mi cuarto.

4. ¿Qué haces los fines de semana para ayudar a tus padres?
   Los fines de semana tengo que cortar el césped.

5. ¿Tienes que limpiar tu cuarto?
   Sí, tengo que limpiar mi cuarto todos los días.

9

Familiares y amigos

> ### *Tener* expressions and verbs followed by infinitives
>
> • The verb **tener** is used in many common expressions that express physical or emotional states. **Tener + que** expresses obligation and is followed by an infinitive.
>
> • **Deber, poder, pensar, preferir, querer,** and **gustar** can also be followed by an infinitive.

18 Ricardo tiene un problema y habla con José Manuel. Completa las oraciones con el verbo o la expresión en paréntesis más apropiada.

— (1)___Tengo que___ (Tengo que / Tengo) ir al partido, pero no quiero ir.

— ¿No te gusta (2)___jugar___ (jugar / juegas) al fútbol?

— Me encanta, pero también (3)___tengo prisa___ (tengo prisa / tengo que) porque tengo un examen de español. Prefiero (4)___estudiar___ (estudiar / estudio).

— (5)___Debes ir___ (Deber / Debes ir) al partido de fútbol.

— No (6) puedo___hacer___ (hacer / hago) las dos cosas. Además,

(7)___tengo sueño___ (tengo sueño / tengo frío) y el fútbol termina muy tarde. No puedo, de verdad.

— Sí, puedes. (8)___Pienso ir___ (Pienso ir / Pienso voy) contigo.

> ### The present progressive
>
> • The present progressive is formed with a conjugated form of **estar** followed by the present participle. The present participle is formed by adding **-ando** to **-ar** verbs and **-iendo** to **-er** and **-ir** verbs.
>
> • Change **i** to **y** between vowels. **leer → leyendo.**

19 Un grupo de estudiantes está en la biblioteca. Completa las oraciones con la forma del presente progresivo de los verbos entre paréntesis.

1. Unos estudiantes ___están esperando___ (esperar) para entrar.

2. Nosotros ___estamos haciendo___ (hacer) cola para usar la computadora.

3. Un señor ___está aprendiendo___ (aprender) usar la computadora.

4. Unos niños ___están escribiendo___ (escribir) unas cartas.

5. Yo ___estoy leyendo___ (leer) mi libro de ciencias.

(10)

GRAMÁTICA 2

> ### *Ir a* with infinitives, direct object pronouns
>
> - To say what you or others are going to do use **ir a** with an infinitive.
>
>   Mañana vienen mis abuelos. **Van a estar** unos días con nosotros.
>
> - Use direct object pronouns to replace nouns and avoid repetition.
>
> | | |
> |---|---|
> | **me** | **nos** |
> | **te** | **os** |
> | **lo / la** | **los / las** |

20 Susana habla de lo que van a hacer ella y su familia el próximo fin de semana. Completa las oraciones usando **ir a** + infinitivo *(infinitive)*.

MODELO Mis tías **van a comer** en el restaurante "El Sol".

1. Mi hermano ____va a nadar____ en la piscina del club.

2. Mi prima ____va a tocar____ el piano durante el concierto.

3. Mi mamá ____va a ir____ de viaje a México.

4. Mi hermana ____va a estudiar____ para el examen de francés.

5. Tú ____vas a ir____ de compras con mamá.

6. Yo tengo ganas de descansar. ____Voy a dormir____.

21 Manuel pregunta lo que estás haciendo o lo que vas a hacer. Contesta las preguntas. Sigue el modelo.

MODELO ¿Estás haciendo la tarea? **Sí, la estoy haciendo. / Sí, estoy haciéndola.**

1. ¿Vas a invitar a Juan y Alberto a tu casa?

   Sí, los voy a invitar. / Sí, voy a invitarlos.

2. ¿Vas a ayudar a tu mamá a poner la mesa?

   Sí, la voy a ayudar. / Sí, voy a ayudarla.

3. ¿Estás leyendo ese libro?

   Sí, lo estoy leyendo. / Sí, estoy leyéndolo.

4. ¿Vas a llevar las flores a la fiesta?

   Sí, las voy a llevar. / Sí, voy a llevarlas.

GRAMÁTICA 2

Affirmative and negative informal commands

- To form the informal affirmative command, drop the **-s** of the **tú form** of the verb. If there is a direct object pronoun, attach it to the end of the command.

- To form an informal negative command, take the **yo** form of the verb, drop the **-o,** and add the opposite **tú** form ending (**comer → comas**). Put the word **no** in front and place the direct object pronoun in between **no** and the verb.

    Verbs with irregular informal negative commands:

    dar → no des   estar → no estés   ir → no vayas   ser → no seas

    Verbs ending in **-car, -gar, -zar** have the following spelling changes.

    tocar → no toques   llegar → no llegues   empezar → no empieces

---

22 Elisa habla con su hermano. Sigue el modelo para completar las oraciones.

MODELO Lees el libro muy rápidamente. **Léelo** despacio, por favor.

1. Bebes leche todo el día. _____**Bébela**_____ después de cenar.

2. Cantas muy bien la canción. _____**Cántala**_____ en la fiesta.

3. Miras las flores en el jardín. _____**Míralas**_____ en el patio.

4. Dibujas animales de color negro. _____**Dibújalos**_____ con colores.

5. Buscas mis llaves. _____**Búscalas**_____ en la sala.

23 La abuela, siempre tiene que decirle "no" a Raúl, su nieto de siete años. Completa las oraciones. Sigue el modelo.

MODELO Romper los juguetes **No los rompas.**

1. saltar *(to jump)* en la cama _____**No saltes en la cama.**_____

2. ir al cine sólo _____**No vayas al cine sólo.**_____

3. pintar las paredes _____**No las pintes.**_____

4. correr en la piscina _____**No corras en la piscina.**_____

5. llegar tarde a clase _____**No llegues tarde a clase.**_____

6. ser travieso _____**No seas travieso.**_____

7. comer dulces _____**No los comas.**_____

8. tocar la guitarra por la noche _____**No la toques por la noche.**_____

Cuaderno de vocabulario y gramática

(12)

En el vecindario

1 Margarita quiere saber qué hacen sus vecinos. Escribe la letra de la oración que corresponda según el contexto.

<u>c</u> 1. cocinera

<u>e</u> 2. ingeniero

<u>d</u> 3. banquera

<u>g</u> 4. bombero

<u>f</u> 5. periodista

<u>a</u> 6. enfermera

<u>b</u> 7. conductor

<u>h</u> 8. dentista

> **a.** La señora Rodríguez cuida a los enfermos.
> **b.** El señor Pérez conduce el camión de bomberos.
> **c.** María prepara comida.
> **d.** La señorita Ramírez presta dinero.
> **e.** Raúl construye edificios.
> **f.** Ricardo escribe reportajes *(news reports).*
> **g.** Roberto apaga incendios.
> **h.** El doctor Sánchez cuida los dientes de las personas.

2 ¿A qué se dedican estas personas? Escribe tu respuesta a cada pregunta.

MODELO Ayudo a la gente. Trabajo con los bomberos. ¿Quién soy? **el policía (la mujer policía)**

1. Trabajo en una oficina. Escribo cartas, organizo la oficina y ayudo a otros en su trabajo. ¿Quién soy? _____ **el (la) secretario(a)** _____

2. Si quieres mandar una carta, yo te ayudo. ¿Quién soy?
el cartero/la mujer cartero

3. Si necesitas cortarte el pelo, yo te puedo ayudar. ¿Quién soy?
el (la) peluquero(a)

4. Yo ayudo al médico y cuido a los enfermos. ¿Quién soy?
el (la) enfermero(a)

5. Me gusta construir edificios y casas. ¿Quién soy?
el (la) carpintero(a)

6. Yo arreglo carros. ¿Quién soy? _____ **el (la) mecánico(a)** _____

7. Trabajo en un colegio pero no soy profesor. Visito a los niños en sus casas. ¿Quién soy? _____ **el (la) trabajador(a) social** _____

3 La señora Ruiz quiere información sobre sus vecinos y le pregunta a la señora Pérez a qué se dedican. Completa las respuestas de la señora Pérez con las expresiones del cuadro.

vender y comprar	**dar consejos**	**cuidar a los enfermos**
enseñar matemáticas	**preparar comida**	**prestar y contar dinero**
diseñar páginas Web	**conducir el camión**	**arreglar carros**
cortar el pelo	**sacar fotos**	**escribir libros**
		cuidar los dientes

MODELO —¿A qué se dedica la vecina de la casa azul?
        —Es peluquera. Sabe **cortar el pelo.**

1. —¿Qué clase de trabajo realiza el señor Gómez?
   —Es mecánico. Sabe _____arreglar carros_____.

2. —¿A qué se dedica el señor Zorrilla?
   —Es conductor. Sabe _____conducir el camión_____.

3. —¿A qué se dedica la señora Soto?
   —Es cocinera. Sabe _____preparar comida_____.

4. —¿Qué clase de trabajo realiza la señorita Ruiz?
   —Es dentista. Sabe _____cuidar los dientes_____.

5. —¿A qué se dedica el vecino de enfrente?
   —Es comerciante. Sabe _____vender y comprar_____.

6. —¿Qué clase de trabajo realiza tu hijo?
   —Es programador. Sabe _____diseñar páginas Web_____.

7. —¿A qué se dedica la señorita López?
   —Es profesora. Sabe _____enseñar matemáticas_____.

8. —¿Qué clase de trabajo realiza Marta?
   —Es trabajadora social. Sabe _____dar consejos_____.

9. —¿Qué clase de trabajo realiza el señor Ramírez?
   —Es médico. Sabe _____cuidar a los enfermos_____.

(14)

En el vecindario

4 Mira los dibujos y escribe cuál es el oficio de cada persona.

1. __el médico__

2. __el conductor__

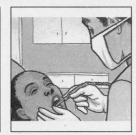

3. __el dentista__

4. __el cocinero__

5. __el peluquero__

6. __la mecánica__

7. __el periodista__

8. __la programadora__

5 Víctor acaba de mudarse al *(move to the)* vecindario y Raquel le presenta a los vecinos. Completa la conversación con las expresiones del cuadro. No tienes que usar todas las expresiones y puedes usar algunas más de una vez.

te presento a	¡Mucho gusto, señora!	señora Suárez
a los vecinos	me llamo Víctor Prieto	mucho gusto
presentarte a	el gusto es mío	encantado

Víctor   Hola, Raquel. ¿Conoces (1)__a los vecinos__?

Raquel   Sí. Ahora quiero (2)__presentarte a__ mis vecinos

de la casa de al lado, los Álvarez.

Víctor   (3)__Mucho gusto__. Acabo de mudarme al barrio.

Raquel y yo vamos a la misma la escuela.

Raquel   (4)__Te presento a__ mi amiga y vecina Rosario.

Víctor   Hola, (5)__encantado__, Rosario. Yo

(6)__me llamo Víctor Prieto__.

Rosario   (7)__El gusto es mío__.

Raquel   Quiero (8)__presentarte a__ la

(9)__señora Suárez__. Vive enfrente de mi casa.

GRAMÁTICA 1

Indirect objects and indirect object pronouns

- In a sentence, the **indirect object** is the person who *receives* the direct object or who benefits from the action of the verb. Always use the preposition **a** before the indirect object.

    El comerciante **le** vendió calculadoras **a las secretarias.**

- An **indirect object pronoun** takes the place of the indirect object noun or goes with it in the same sentence.

    Un carpintero **le** hizo una silla a **Margarita.**
    Un carpintero **le** hizo una silla.

- Place **indirect object pronouns** in the same way you would place reflexive pronouns and direct object pronouns.

me *me*	**nos** *us*
te *you*	**os** *you*
le *you, him, her*	**les** *you, them*

    Ayúda**me** a escribir una carta.

---

6 Completa las oraciones con el complemento indirecto apropiado *(indirect object pronoun)*. Sigue el modelo.

MODELO El abogado **les** da consejos a los profesores.

1. La profesora _____ **les** _____ lee un cuento a los niños.

2. El cartero _____ **te** _____ trae el correo a ti.

3. El comerciante _____ **le** _____ puede enseñar a José a vender.

4. El periodista _____ **nos** _____ contó la noticia a Olga y a mí.

5. Las enfermeras _____ **les** _____ dan las medicinas a los enfermos.

6. La programadora _____ **me** _____ puede prestar la computadora a mí.

7. El conductor siempre _____ **le** _____ dice «buenos días» a la gente.

8. La secretaria del colegio _____ **les** _____ ayuda a los estudiantes.

9. Le gusta contar _____ **me** _____ chistes a mí.

10. Prepára _____ **le** _____ el desayuno a tu hermano.

En el vecindario

Indirect objects and indirect object pronouns; dar and decir

Indirect objects are used with verbs such as **dar** and **decir**. These verbs are for *giving* or *telling* **something** to **someone**.

Ángel no **le** dice nada a **Mariana.**   Luis **me** da su libro.

---

7 Roberto escribe lo que hacen las personas en su oficio. Completa las oraciones con el pronombre apropiado y la forma correcta de **dar** o **decir.**

MODELO La enfermera **le da** una toalla al médico.

1. Los dentistas _____les dicen_____ a los niños: Lávense bien los dientes.

2. El peluquero _____le enseña_____ a la señora cómo lavarse el pelo.

3. Las cocineras de la cafetería _____nos dan_____ pastel a Luis y a mí.

4. Yo, que soy mecánico, _____te digo_____ (a ti) que tu carro tiene problemas.

5. Nosotras _____les damos_____ las gracias a los vecinos por ayudarnos.

6. El ingeniero _____les da_____ los diseños (*designs*) a los carpinteros.

Saber and conocer

• **Saber** and **conocer** mean *to know*. Both have irregular present tense **yo** forms.

• Use **saber** to say that you know a fact or some information or to say you know how to do something.

—¿**Sabes** dónde está la escuela?   —No, no **sé** dónde está.
—¿**Sabe** usted hablar francés?   —Sí, **sé** hablar un poco.

• Use **conocer** to say whether you know people, places, or things.

—¿**Conoces** el centro comercial?   —Sí, y **conozco** a un comerciante allí.

---

8 Completa el diálogo de Susana y Raúl con la forma correcta de **saber** o **conocer.**

—Susana, ¿(1)_____conoces_____ a todos los vecinos?

—Yo no los (2)_____conozco_____ a todos. Pero los señores Garza (3)_____saben_____ cómo se llaman todos y los (4)_____conocen_____ muy bien. ¿Y tú, (5)_____conoces_____ bien tu vecindario?

—Sí, (6)_____sé_____ dónde están el colegio, el mercado y la oficina de correos. ¿(7)_____Conoces_____ a la hija de la señora Pérez? Va a ser mi vecina.

—Sí, cómo no. Es muy inteligente, (8)_____sabe_____ hablar tres idiomas.

> ## Uses of ser, adjectives of nationality
> Use the verb **ser** to
> - tell time and say at what time something happens.
>
>   **Son** las tres.
>   El partido **es** a las cuatro.
> - say what belongs to someone.
>
>   Ése **es** mi libro.
> - say who or what someone or something is.
>
>   Maribel **es** periodista.
>   Ésa **es** la oficina donde trabaja.
> - say what someone is like.
>
>   Maribel **es** bonita.
> - say where someone is from and describe someone's nationality.
>
>   Mi familia y yo **somos** de El Salvador. Mi vecina **es** chilena.

9 Lee lo que escribió una estudiante. Luego contesta las preguntas. Usa el verbo **ser** en tus respuestas.

Me llamo Alicia Rodríguez. Estudio en el colegio Mi Patria. Mi familia es de Perú. Somos mis padres, mis dos hermanos y yo. Mi padre trabaja en un taller. Sabe arreglar carros. Mi madre es de México y trabaja como secretaria en el taller de mi padre. Mis hermanos, Miguel y Raúl, son mayores que yo. Miguel es ingeniero y Raúl es médico. A mi familia y a mí nos gusta ir a la playa los fines de semana.

1. ¿Quién escribió el parráfo? _____**Alicia Rodríguez**_____

2. ¿A qué se dedica? _____**Es estudiante.**_____

3. ¿Cómo se llama su colegio? _____**Se llama Mi Patria.**_____

4. ¿De dónde es su familia? _____**Es de Perú. Es peruana.**_____

5. ¿Cuántos son en su familia? _____**Son cinco.**_____

6. ¿A qué se dedica su padre? _____**Es mecánico.**_____

7. ¿Cuál es la profesión de su madre? _____**Es secretaria.**_____

8. ¿Quiénes son sus hermanos? _____**Sus hermanos son Miguel y Raúl.**_____

En el vecindario

10 Tacha *(cross out)* lo que NO pertenece a cada parte de la casa.

1. sala	**2. habitación**	**3. baño**	**4. cocina**
sillón	cómoda	televisor	inodoro
ducha	estante	inodoro	estufa
mesita de	cuadros	fregadero	lavadora
noche	lavabo	bañera	secadora
lavaplatos	estufa	lavabo	sillón
lámpara			

11 Describe la habitación del dibujo. Usa las palabras del cuadro.

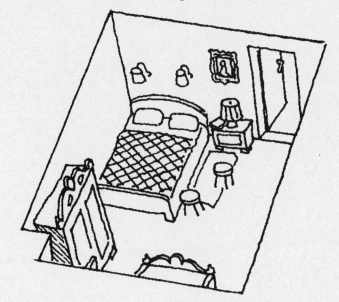

pequeña	**a la derecha**	**a la izquierda**
enfrente	**entre**	**encima de**
piso	**cuadro**	**sillón**

La habitación es (1)_____ **pequeña** _____. Hay una mesita de noche

(2)____ **a la derecha** ____ de la cama. Hay una cómoda (3)_____ **enfrente** _____ de

la cama. La cama está (4)_____ **entre** _____ la pared y la mesita de noche. La

pared está (5)____ **a la izquierda** ____ de la cama. Hay un (6)_____ **cuadro** _____ en

la pared y una lámpara (7)____ **encima de** ____ la mesita de noche.

12 En la casa de Emilio hay mucho desorden. Escribe lo que **hay que** hacer para arreglarla.

MODELO   La basura está en la cocina.
   Hay que sacar la basura.

1. En la habitación de Emilio hay estantes y mesitas de noche, pero tienen polvo *(dust)*.
   Hay que sacudir los muebles.

2. La mamá de Emilio tiene muchas plantas.
   Hay que regar las plantas.

3. Emilio tiene dos perros y un gato.
   Hay que darles de comer a los animales.

4. La alfombra está sucia *(dirty)*.
   Hay que pasar la aspiradora.

5. La ropa está sucia *(dirty)*.
   Hay que lavar la ropa.

6. Hay zapatos y ropa en el piso del cuarto.
   Hay que organizar el cuarto.

13 Mi mamá pide ayuda a mi hermano Luis, pero él se queja. Escribe en orden lo que dicen. Incluye la puntuación apropiada.

MODELO barrer, Luis, piso, debes, el
   —Luis, debes barrer el piso.

1. mamá / ay / harto / quehaceres / de / estoy
   __ **¡Ay, mamá! Estoy harto de quehaceres.**

2. sacudir / que / muebles / los / hay / sala / la / de
   __ **Hay que sacudir los muebles de la sala.**

3. qué / ay / pesado / veces / ya / mil / lo / hice
   __ **¡Ay, qué pesado! Ya lo hice mil veces.**

4. favor / haz / el / las / regar / jardín / de / plantas / del / también
   __ **Haz el favor de regar las plantas del jardín también.**

5. es / justo / no / nunca / regarlas / Julieta / le / a / toca
   __ **¡No es justo! A Julieta nunca le toca regarlas.**

En el vecindario

14 Mira el dibujo. Imagina que ésta es tu casa y un amigo te visita por un fin de semana. Dile dónde están las cosas. **Some answers will vary.**

1. ¿Me dices dónde están la lavadora y la secadora?
   _____**Están cerca de la cocina.**_____

2. ¿Me dices dónde está el televisor? _____**Está en la sala.**_____

3. ¿Me dices dónde está el armario? _____**Está a la izquierda del sillón.**_____

4. ¿Me dices dónde están los platos y el fregadero? _____**Están en la cocina.**_____

5. ¿Me dices dónde está la cocina? _____**Está al lado de la sala.**_____

15 Ahora te toca a ti describir tu casa. **Answers will vary.**

1. Mi habitación _____
   _____
   _____

2. El baño _____
   _____
   _____

3. La sala _____
   _____
   _____

4. La cocina _____
   _____
   _____

GRAMÁTICA 2

┌───┐

Ser and estar

Use **ser** to. . .

• say where something takes place.

  La clase de francés **es** en la biblioteca.

• describe characteristics of someone or something.

  Carolina **es** guapa y simpática.

Use **estar** to. . .

• say what is going on now.

  Eduardo **está comiendo** una ensalada.

• say where someone or something is.

  Cristina **está** en la piscina.

• say how someone feels or how food tastes.

  Jesús **está** cansado.

  Ese pollo **está** bueno.

└───┘

16 Jorge charla con sus amigos sobre su familia y su casa nueva. Completa las oraciones con las formas correctas de los verbos **ser** o **estar.**

MODELO Mi casa es bastante grande. Está enfrente de un parque.

1. Mi habitación ___está___ en el primer piso. ___Es___ de color blanco y azul.

2. Mi papá ___es___ muy trabajador. ___Está___ construyendo un cuarto para la lavadora.

3. Mi mamá ___está___ comprando muebles para la sala. Ella ___es___ activa.

4. Mi hermana ___está___ contenta hoy porque la reunión con sus amigas ___es___ en la casa de al lado.

5. Yo ___estoy___ aprendiendo a cocinar. Hoy preparé arroz. Mi hermano dice que ___está___ muy rico.

En el vecindario

Some expressions followed by infinitives

To say what someone has to do:

• use the verbs **deber** or **tener que** with an infinitive.

    Debes organizar el estante.   **Tenemos que lavar** la ropa.

• use the expression **me/te/le/nos/les toca** with an infinitive.

    A ustedes **les toca sacudir** la sala y a mí **me toca sacudir** los muebles.

To say what has to be done:

• use the expressions **hay que** and **favor de** with an infinitive.

    Hay que comprar una lavadora.   **Favor de sacar** la basura.

---

17 Mira la siguiente tabla. Escribe qué quehaceres le toca hacer a cada persona en la casa de la familia González. Usa las expresiones **deber que, tener que** y **me/te/le/nos/les toca.**

	Carolina	Mamá	Papá	Yo
lavar la ropa		X	X	
sacar la basura	X			
darle de comer al perro				X
limpiar el baño	X			
organizar el garaje			X	
sacudir los muebles		X		
lavar los platos				X
barrer el piso	X			

    MODELO A Carolina le toca sacar la basura.

              Answers will vary.

1. _____

2. _____

3. _____

4. _____

5. _____

6. _____

7. _____

GRAMÁTICA 2

Preterite of -ar, -er, -ir verbs and hacer and ir
• Verbs with -**ar** and -**er** endings do not have stem changes in the preterite.

	lavar	**vender**	**sacudir**	**hacer**	**ir**
yo	lav**é**	vend**í**	sacud**í**	**hice**	**fui**
tú	lav**aste**	vend**iste**	sacud**iste**	**hiciste**	**fuiste**
Ud., él, ella	lav**ó**	vend**ió**	sacud**ió**	**hizo**	**fue**
nosotros(as)	lav**amos**	vend**imos**	sacud**imos**	**hicimos**	**fuimos**
vosotros(as)	lav**asteis**	vend**isteis**	sacud**isteis**	**hicisteis**	**fuisteis**
Uds., ellos(as)	lav**aron**	vend**ieron**	sacud**ieron**	**hicieron**	**fueron**

—Luis y yo **fuimos** a la casa.   Luis **lavó** la ropa y yo **sacudí** el estante.

---

18 Lee lo que hace Carla durante el día. Escribe las oraciones en orden y en el pretérito.

• Antes del almuerzo, sacudo los muebles y barro el piso.

• Por la tarde, voy al mercado.

• Me visto y hago la cama.

• Antes de dormir, hago la tarea.

• Me levanto temprano y me baño.

• Preparo la ensalada para la cena.

• Preparo el desayuno y lavo los platos.

MODELO Me levanté temprano y me bañé.

1. Me vestí e hice la cama.

2. Preparé el desayuno y lavé los platos.

3. Antes del almuerzo, sacudí los muebles y barrí el piso.

4. Por la tarde, fui al mercado.

5. Preparé la ensalada para la cena.

6. Antes de dormir, hice la tarea.

19 Mi tía Lola le da las gracias a su hijo por su ayuda. Completa su tarjeta con el pretérito de los verbos en paréntesis.

Hijo, gracias por ayudarme a limpiar. Esta mañana tú (**1**) (levantarse)
__te levantaste__ temprano y tú (**2**)(hacer) ___hiciste___ algunos quehaceres
antes de ir al colegio. Yo (**3**) (ver)___vi___ que (**4**) (pasar)___pasaste___
la aspiradora en la sala y (**5**) (sacudir)___sacudiste___ los estantes. Yo
(**6**)___preparé___ (preparar) la cena y tú (**7**) (lavar)___lavaste___ los
platos después. También (**8**) (sacar)___sacaste___ al perro a pasear. Gracias
y te quiero.

Mamá

Nombre _____ Clase _____ Fecha _____

Pueblos y ciudades

CAPÍTULO 3

VOCABULARIO 1

1 Jorge necesita algunas cosas del pueblo, pero no sabe dónde comprarlas. Escribe la letra de la(s) palabra(s) correspondiente(s) junto al lugar donde debe comprar cada cosa.

_d_ 1. en la floristería
_f_ 2. en la tienda de comestibles
_e_ 3. en la pescadería
_b_ 4. en la panadería
_c_ 5. en la frutería
_a_ 6. en la carnicería
_g_ 7. en la mueblería

a. pollo y tocino
b. pan dulce
c. manzanas, duraznos y naranjas
d. flores
e. atún
f. café y huevos
g. sillas y una mesa

2 Marcela y José Luis están de visita en el pueblo. Completa la conversación con las palabras del cuadro.

| ayuntamiento | café | pasear | pastelería | llevar |
| estación de autobuses | banco | llevar a | recoger a | plaza |

Marcela Mira, la gente viene a (1)___pasear___ por la (2)___plaza___. ¿Quieres ir a tomar algo en el (3)___café___?

José Luís Sí, y también podemos (4)___llevar___ a casa un pastel de la (5)___pastelería___.

Marcela El autobús llega a las cinco. Debemos (6)___recoger a___ tu tía en la (7)___estación de autobuses___.

José Luís Primero tengo que pasar por el (8)___banco___ a sacar dinero. La tía quiere ir de compras esta tarde.

Marcela Podemos (9)___llevar a___ la tía a conocer el (10)___ayuntamiento___ si quiere.

Holt Spanish 2

Cuaderno de vocabulario y gramática

Copyright © by Holt, Rinehart and Winston. All rights reserved.

25

Nombre _____ Clase _____ Fecha _____

3 Marta está en el pueblo pidiendo información *(asking for information)*. Escoge la respuesta más apropiada a cada pregunta de Marta.

___a___ **1.** ¿Me podría decir dónde está el monumento a Cristóbal Colón?
    a. Está en la plaza.
    b. Está en la pastelería.

___a___ **2.** Disculpe, ¿sabe usted dónde se puede comprar pescado?
    a. Sí, claro, en la pescadería.
    b. Sí, claro, abre los domingos.

___b___ **3.** ¿Sabe usted dónde se puede sacar la licencia de conducir?
    a. No estoy seguro. Creo que en el centro recreativo.
    b. No estoy seguro. Creo que en el ayuntamiento.

___b___ **4.** ¿Me podría decir dónde están los conductores?
    a. Sí, claro, en la clínica.
    b. Sí, claro, en la estación de autobuses.

___a___ **5.** Disculpe, ¿sabe usted dónde prestan dinero?
    a. No estoy seguro. Pregúntale a alguien en el banco.
    b. No estoy seguro. Pregúntale a alguien en la comisaría.

4 Lucía habla sobre lo que tiene que hacer su familia. Completa el párrafo con las palabras apropiadas del cuadro.

mercado	mueblería	frutería	fuente
panadería	peluquería	plaza	tienda de comestibles

Mi papá necesita comprar naranjas en la ___frutería___. Después quiere pasar por el ___mercado___ para comprar unas plantas. Yo necesito cortarme el pelo en la ___peluquería___ y comprar leche, pan y huevos para la cena en la ___tienda de comestibles___ que está enfrente de la pastelería. También necesito preguntar el precio de un escritorio muy bonito que vi en la ___mueblería___. Si después tengo tiempo, voy a pasar por la ___plaza___ para sentarme en un banco para leer.

VOCABULARIO 1

5 Roberto y Martín hicieron diligencias todo el día y sus papás les preguntan adónde fueron y qué hicieron. Usa las palabras en paréntesis para contestar las preguntas.

> **MODELO** ¿Adónde fuiste esta mañana Roberto? (boleto / comprar / estación de trenes) **Answers will vary. Possible answers:**
>
> **Fui a la estación de trenes a comprar un boleto.**

1. ¿Qué más hiciste? (tener que ir / ayuntamiento / sacar / carnet de identidad)
   Tuve que ir al ayuntamiento a sacar mi carnet de identidad.

2. Y tú, ¿qué hiciste? (tener que hacer / diligencias / pollo / carnicería)
   Yo tuve que hacer diligencias. Compré pollo en la carnicería.

3. ¿Adónde fueron ustedes por la tarde? (ir / conocer / monumento)
   Fuimos a conocer un monumento.

4. ¿Qué hicieron después? (ir / pastelería / pasear / plaza)
   Fuimos a la pastelería y paseamos por la plaza.

5. Y tú, ¿adónde fuiste por la noche? (ir / oficina de correos / cerrada / café)
   Fui a la oficina de correos, pero estaba cerrada. Luego fui a un café.

6 Claudia regresa a casa después de hacer diligencias. Le explica a su mamá qué diligencias hizo esta mañana y cuáles no hizo. Completa la conversación con oraciones apropiadas. **Answers will vary. Possible answers:**

—Hola Claudia, ¿adónde fuiste esta mañana?
—**Fui al pueblo para hacer unas diligencias.**

—Ah, sí. Tuviste muchas diligencias que hacer, ¿no? Entonces, ¿qué hiciste?
—Pues, primero **estuve en la oficina de correos y después fui de compras.**

—¿Y pasaste por la tienda de comestibles?
—Sí, y allí **compré pollo.**

—Estupendo, podemos comerlo en el almuerzo. ¿Y qué hiciste después?
—Estuve en la panadería y allí **compré pan y otras cosas.**

—¡Qué bien! ¿Fuiste al ayuntamiento para preguntar por tu licencia de conducir?
—No, no fui al ayuntamiento porque **no tuve tiempo.**

Pueblos y ciudades

Impersonal *se* and passive *se*

To talk about generalizations, or about what is or isn't done use the following:

• Impersonal **se** + verb   **¿Cómo se puede llegar?**

• **(No) Se permite** *(is allowed)*   **No se permite fumar.**

To talk about something that is done without saying who is doing it, use the following:

• **se** + verb   **Se venden regalos en el mercado.**

In this use, the verb agrees in number with its object. This use is called passive **se.**

---

7 Carlos le escribe una carta a Raúl desde el pueblo donde vive. Completa las oraciones con **se** + la forma correcta de un verbo apropiado del cuadro.

poder	hablar	vivir	llegar	trabajar	pasear

Hola Raúl:

Estoy feliz aquí. (1)____Se vive____ muy tranquilamente. En las oficinas

(2)____se trabaja____ de las 8 de la mañana a las 5 de la tarde; (3)____se puede____

pasear y hacer muchas cosas después de esa hora. Es fácil ir de compras, porque aquí

(4)____se habla____ inglés y español en las tiendas. Los domingos (5)____se pasea____

por la plaza. Espero verte pronto. (6)____Se llega____ muy rápido en tren.

8 Imagina que estás en el ayuntamiento. Escribe tres cosas que se prohíben y tres cosas que se permiten en el ayuntamiento. Usa los verbos del cuadro.

MODELO Se permite sentarse en el ayuntamiento.

leer	fumar	vender	comer	caminar	hablar

Se permite... Answers will vary.

_____

_____

Se prohíbe... Answers will vary.

_____

_____

28

Nombre _____ Clase _____ Fecha _____

GRAMÁTICA 1

Preterite of -car, -gar, -zar verbs and *conocer*

• Verbs ending in **-car, -gar, -zar** have irregular **yo** forms in the preterite.

   tocar → yo toqué   **regar → yo regué**   **almorzar → yo almorcé**

• In the present tense, **conocer** means to know someone or something. It has an irregular **yo** form.

   —¿Conoces a Pedro?   —Sí, también conozco a su familia.

• In the preterite, **conocer** is regular. It means to meet someone or to see a place for the first time.

   —¿Dónde conociste a José Luis?   —Lo conocí en el club de ajedrez.

---

9 Teresa habla por teléfono con su mamá y le dice lo que hizo ayer. Completa el párrafo con la palabra correcta entre paréntesis.

Yo fui al entrenamiento. (1)____**Jugué**____ (jugué / jugó / jugaste) bien,

pero me (2)____**sentí**____ (sentí / sintió / sentiste) muy cansada, por eso

(3)____**descansé**____ (descansamos / descansé / descansó) en la cafetería.

(4)____**Almorcé**____ (Almorzamos / Almorcé / Almorzó) y (5)____**hablé**____

(hablé / habló / hablaste) con mis amigas. Luego, nosotras (6)____**buscamos**____

(busqué / buscó / buscamos) un libro en la biblioteca. Por la tarde, un amigo

(7)____**organizó**____ (organizó / organicé / organicé) una salida al cine.

10 Mira los dibujos y di dónde todos conocieron a las personas. Usa la forma correcta del verbo **conocer** en el pretérito.

   MODELO Mariana ____**conoció**____ a Roberto en el ____**banco**____.

1. Tomás y Jorge ____**conocieron**____ a Susana en el ____**parque**____.

2. Rocío y yo ____**conocimos**____ a Mónica en la ____**playa**____.

3. Tú ____**conociste**____ a tus amigos en la ____**plaza**____.

4. Rafael ____**conoció**____ a Fernando en la ____**piscina**____.

5. Yo ____**conocí**____ a Olivia en el ____**colegio**____.

(**29**)

> ### Irregular preterites: *andar, venir, tener, dar, ver*
>
> The following verbs have irregular stems and endings in the preterite.
>
> | andar | tener | venir | dar | ver |
> |---|---|---|---|---|
> | anduve | tuve | vine | di | vi |
> | anduviste | tuviste | viniste | diste | viste |
> | anduvo | tuvo | vino | dio | vio |
> | anduvimos | tuvimos | vinimos | dimos | vimos |
> | anduvisteis | tuvisteis | vinisteis | disteis | visteis |
> | anduvieron | tuvieron | vinieron | dieron | vieron |
>
> Ayer **dimos** un concierto. **Vino** mucha gente. **Tuvimos** mucho éxito.

11 Lee lo que dice Manolo y después, contesta las preguntas a continuación.

Ayer anduve por todo el colegio buscando a mi amiga Susana. Sus padres vinieron para hablar con el profesor porque Susana es nueva en el colegio. Su familia tuvo que venir a vivir a esta ciudad porque el papá de Susana tiene el trabajo aquí. Yo conocí a Susana en Houston cuando fui allí de vacaciones el verano pasado. Sus padres me vieron y me preguntaron: —¿Adónde fue Susana? ¿No está en el colegio? Creo que Susana va a tener problemas con sus padres esta noche en casa.

1. ¿Qué hizo ayer Manolo por toda la escuela?
   Ayer Manolo buscó a su amiga Susana por todo el colegio.
   _____

2. ¿Por qué tuvieron que venir a esta ciudad Susana y su familia?
   Ellos tuvieron que venir porque el papá de Susana tiene el trabajo
   aquí.

3. ¿Dónde estuvo Manolo en sus últimas vacaciones? ¿Cómo lo sabes?
   Manolo estuvo en Houston en sus últimas vacaciones. Lo sé porque
   allí conoció a Susana.

4. ¿Qué hicieron los padres de Susana cuando vieron a Manolo?
   Le preguntaron a Manolo: ¿Adónde fue Susana? ¿No está en el colegio?
   _____

30

Pueblos y ciudades

12 Patricia no sabe muy bien los números ordinales *(ordinal numbers)*. Escribe correctamente las palabras para ayudarla. Después, pon los números en orden, empezando con **primero.**

MODELO mrepiro <u>primero</u>   <u>primero</u>

<u>quinto</u>   1. outqin   <u>segundo</u>

<u>segundo</u>   2. ugnedso   <u>tercero</u>

<u>cuarto</u>   3. uracot   <u>cuarto</u>

<u>séptimo</u>   4. opmetis   <u>quinto</u>

<u>tercero</u>   5. etrerco   <u>sexto</u>

<u>sexto</u>   6. xteos   <u>séptimo</u>

13 La familia Fernández está de visita en la ciudad. Escribe a qué lugares fueron.

1. Primero fueron a visitar ___<u>la catedral</u>___, que es una iglesia muy vieja.

2. Luego fueron a comprar chocolates al lugar donde los hacen. Ese lugar se llama ___<u>la fábrica</u>___.

3. La señora Fernández compró leche, verduras y fruta. Ella fue al ___<u>supermercado</u>___.

4. Al señor Fernández le gusta leer el periódico. Lo compró en ___<u>el quiosco</u>___

5. Después, visitaron a un amigo del Sr. Fernández que es médico. Por eso, fueron al ___<u>hospital</u>___.

6. A Mario, el hijo menor, le gustan los árboles. Por eso todos fueron a visitar ___<u>la zona verde / el parque</u>___

7. Después fueron a ver los barcos. Fueron al ___<u>puerto</u>___.

8. La señora Fernández tuvo que regresar al carro. Por eso todos fueron al ___<u>estacionamiento</u>___.

9. Al final pasaron por un ___<u>café Internet</u>___ para mandar un correo electrónico.

10. El señor Fernandez perdió el pasaporte. Tuvo que ir a la ___<u>embajada</u>___ para pedir otro pasaporte.

31

Nombre _____ Clase _____ Fecha _____

14 Después de recorrer la ciudad, la familia Fernández quiere visitar a tío Manuel en el hospital, pero no saben cómo llegar. Completa los párrafos con las palabras apropiadas del cuadro.

doble	piso	cruce	cuadras	perderse
subir	carretera	esquina	llegar	la zona verde

— Perdón, ¿cómo puedo (1)_____llegar_____ al hospital?

— Siga derecho dos (2)_____cuadras_____. Luego (3)_____doble_____

a la izquierda para llegar al (4)_____cruce_____ de las calles Independencia

y Malibrán.

Unos minutos después...

— Disculpe, ¿vamos bien para el hospital?

— Sí, van bien. Hay que (5)_____subir_____ la calle hasta llegar a la

(6)_____esquina_____. El hospital está junto a la (7)_____carretera_____

66. No pueden (8)_____perderse_____.

— ¿Hay (9)_____estacionamiento_____ para el carro?

— Sí. Está en el primer (10)_____piso_____.

15 Lee las oraciones. Decide si lo que dicen es cierto o falso.

____cierto____ 1. Cuando vas a caminar, debes caminar en la acera.

____cierto____ 2. En una autopista siempre hay muchos carros.

____cierto____ 3. Muchas veces la gente viaja en avión cuando va a lugares que están muy lejos.

____cierto____ 4. Antes de bajarte del tren, el tren debe parar.

____falso____ 5. La zona peatonal es un lugar donde la gente no debe caminar.

____falso____ 6. La zona verde es un lugar donde no hay plantas, sólo fábricas.

____cierto____ 7. El semáforo tiene tres colores: rojo, verde y amarillo.

____cierto____ 8. Cada lugar a donde llega el metro es una parada.

16 Mira el mapa para decirles a estas personas cómo llegar a los lugares que buscan.

Answers will
vary. Possible
answers:

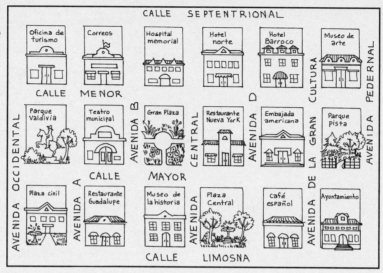

1. El señor Ramírez está en el Café español. Necesita ir al Hospital Memorial para visitar a su hija. ¿Qué le dices?

   Hay que subir por la avenida D, doble a la izquierda en la calle Menor

   y camine dos cuadras.

2. Carlos está en la oficina de correos. Necesita ir al restaurante Nueva York para almorzar con una amiga. Dile cómo llegar.

   Hay que bajar por la avenida B, doble a la izquierda en la calle Mayor

   y camine una cuadra.

3. Manuela está en el Museo de la historia. Quiere visitar la Oficina de turismo. ¿Qué le dices?

   Siga derecho por la calle Limosna, doble a la derecha en la avenida

   Occidental y camine tres cuadras.

4. El padre de tu amiga Carla está en la Plaza civil y no sabe cómo llegar al Parque pista. Ayúdalo.

   Siga derecho por la calle Limosna y doble a la izquierda en la avenida

   Pedernal. Siga derecho un cuadro.

Pueblos y ciudades

Formal commands

- Formal commands are used when you address someone as **usted.**

Form a formal command as follows:

- for **-ar** verbs replace the final **-o** of the **yo** form with **-e.**

- for **-er** and **-ir** verbs replace the final -o with **-a.**

trabajar: yo trabajo→	**trabaje**	**no trabaje**
tener: yo tengo→	**tenga**	**no tenga**
subir: yo subo→	**suba**	**no suba**

- The spelling of verbs ending in **-car, -gar, -zar, -ger,** and **-guir** changes in the formal command forms.

    tocar: toque
    regar: riegue
    almorzar: almuerce
    recoger: recoja
    seguir: siga

- When asking two or more people to do something, add **-n** to the formal command form.
    Niños, suban la escalera despacio.
    Lourdes y Carmina, no toquen la estufa.

---

17 En la oficina, el jefe les escribe una nota a los empleados con las cosas que debe hacer cada uno. Completa lo que dice el jefe conjugando el verbo entre paréntesis para dar mandatos formales. Presta atención al sujeto de cada oración.

Por favor, (1)____lleguen____ (llegar) temprano. Primero, Carlos y Luis,

(2)____organicen____ (organizar) el trabajo que hay que hacer. Sofía,

(3)____lleve____ (llevar) el dinero al banco de la esquina y luego

(4)____presente____ (presentar) a los demás al nuevo programador de computadoras.

Manuel y Losa, no (5)____almuercen____ (almorzar) en la oficina; coman en la

cafetería. Por la tarde, (6)____pidan____ (pedir) al ayuntamiento la información y

no se (7)____olviden____ (olvidar) de pasar a recogerla.

Irregular formal commands

• Some verbs with irregular formal command forms are **dar, ver,** and **ir.**

usted	ustedes
dar: (no) dé	(no) den
ver: (no) vea	(no) vean
ir: (no) vaya	(no) vayan

• Use the following expressions or commands to give directions.

ir por la calle	**No vayan por esa calle.**
doblar a la derecha/izquierda en	**Doble a la izquierda en el semáforo.**
seguir derecho hasta	**Sigan derecho hasta el cruce.**
subir/bajar... hasta llegar a	**Suba la calle hasta llegar a la fuente.**

---

18 Los estudiantes del colegio van a un viaje de estudios. El profesor habla con ellos antes del viaje. Completa el párrafo con las formas correctas de los verbos.

No (1)___vayan___ (sean / vayan) solos a ninguna parte de la ciudad. Para ir a la plaza (2)___sigan___ (sigan / seguir) derecho hasta el cruce de la calle 8 y la avenida Luz. (3)___Doblen___ (Den / Doblen) a la izquierda en el semáforo. Si quieren ir al acuario, (4)___bajen___ (tengan / bajen) la calle 5 hasta llegar al puerto. Sigan (5)___derecho___ (derecho / derecha). Para ir a la catedral (6)___caminen___ (caminen / deben) derecho. (7)___Suban___ (Suban / Den) por la calle 2. Después, (8)___doblen___ (doblen / suban) a la izquierda.

19 Tu amigo, Carlos, te pregunta cómo llegar a varios lugares. Usa el mapa en la página 33 para contestar sus preguntas. **Answers will vary. Possible answers:**

1. Estoy en el Café español. ¿Cómo llego al Hotel Barroco?
   Siga derecho dos cuedras en la avenida D. Está en la cruce de la
   avenida D con la calle Menor.

2. Estoy en la Gran Plaza. ¿Cómo llego al Museo de arte?
   Siga derecho en la calle Menor. Camina por cuatro cuadras. Está en la
   cruce de la calle Menor con la avenida de la Gran Cultura.

3. Estoy bajando la avenida A. Ya veo la Plaza civil. ¿Voy bien para el Hotel norte? ¿Qué debo hacer?
   No, no vas bien. Debes subir hasta llegar a la calle Menor. Doble a la
   derecha en la calle Menor y camine dos cuadras. Allí está el hotel.

---

(35)

> ## Commands with pronouns and review of informal commands
>
> • For affirmative commands, attach the object and reflexive pronouns to the end of the command.
>
> • For negative commands, place the object and reflexive pronouns before the verb.
>
> **¿Quieren un refresco? Tómenlo del refrigerador.**
>
> **No se suban a ese tren.**
>
> **Déle una pluma y un cuaderno a la señora Ruiz.**
>
> When using informal commands, remember:
>
> • Verbs such as **pensar, comer,** and **escribir** are regular.
>
> • Verbs such as **buscar, llegar, organizar, recoger,** and **seguir** have spelling changes.
>
> • **Dar, decir, hacer, ir, poner, salir, ser, tener,** and **venir** have irregular forms.

19 Mariana se va de viaje y su mamá la ayuda con los preparativos. ¿Qué le dice a Mariana su mamá? Escoge la mejor respuesta.

_____ 1. Necesito dinero.
  a. Sácalo del cajero automático.   **b.** No lleves dinero.

_____ 2. Mis cosas están en el piso.
  a. Sácalas a la basura.   **b.** Recógelas.

_____ 3. Mi cuarto está desordenado.
  a. Organízalo antes de irte.   **b.** No lo organices.

_____ 4. No encuentro mi pasaporte.
  a. No tienes pasaporte.   **b.** Búscalo en tus maletas.

_____ 5. No tengo la dirección del hotel.
  a. Escríbela.   **b.** No te lleves la dirección.

_____ 6. ¿Cuándo hago mi maleta?
  a. Hazla hoy por la noche.   **b.** Recoge tu ropa.

_____ 7. El avión sale temprano.
  a. Sal tarde de la casa.   **b.** No llegues tarde al aeropuerto.

_____ 8. No quiero levantarme temprano.
  a. Dime qué hora es.   **b.** No seas perezosa.

_____ 9. No conozco la ciudad.
  a. Pídales infomación en el hotel.   **b.** Pon las cosas en la maleta.

36

¡Mantente en forma!

1 Miguel les preguntó a sus amigos cómo se sintieron durante y después de las competencias. Escribe **sí** si la respuesta es lógica y **no** si es ilógica.

___sí___ 1. —¿Cómo reaccionaste cuando tu equipo perdió el partido?
—Me dio una rabia.

___no___ 2. —¿Cómo te sentiste cuando ganaste la competencia de equitación?
—Me dio mucha tristeza.

___no___ 3. —¿Cómo reaccionaste cuando tu equipo perdió por 3 a 0?
—Me puse a gritar de alegría.

___sí___ 4. —¿Cómo reaccionaste cuando tu equipo de patinaje sobre hielo ganó la competencia?
—Me puse muy contenta.

___no___ 5. —¿Cómo te sentiste cuando los animadores se pusieron a gritar?
—Me dieron ganas de llorar.

___sí___ 6. —¿Cómo reaccionaste cuando tu equipo de volibol llegó tarde al partido?
—Me dio vergüenza.

2 Mira los dibujos y escribe el nombre del deporte que corresponde a cada uno.

1. _____la equitación_____

2. _____el atletismo_____

3. _____la gimnasia_____

4. _____la lucha libre_____

5. _____el patinaje sobre hielo_____

3 Completa el crucigrama *(crossword puzzle)* usando las pistas *(clues)*.

HORIZONTAL

1. Es la persona que prepara a un equipo.

5. Ni ganar, ni perder.

7. Lo que recibe el equipo que gana una competencia.

9. Donde se muestran los puntos que hace un equipo.

VERTICAL

2. Se practica con traje de baño, en una piscina.

3. Son los que animan en un partido.

4. Cuando un equipo juega contra otro, es una...

6. Hay patinaje sobre hielo o patinaje...

8. Es el grupo de personas que juega en un partido.

Crossword solution:
- HORIZONTAL 1: ENTRENADOR
- HORIZONTAL 5: EMPATAR
- HORIZONTAL 7: TROFEO
- HORIZONTAL 9: PUNTAJE
- VERTICAL 2: NATACIÓN
- VERTICAL 3: ANIMADORES
- VERTICAL 4: COMPETENCIA
- VERTICAL 6: ENLINEA
- VERTICAL 8: EQUIPO

4 Ayuda a Lucía a describir algunos de los grupos y actividades de la escuela. Escoge la palabra entre paréntesis que mejor completa cada oración.

1. Tenemos una __banda escolar__ (banda escolar / oratoria) que toca muy bien.

2. Los __jugadores__ (puntajes / jugadores) de fútbol son mis amigos.

3. Se puede __montar a caballo__ (montar a caballo / equitación) por la tarde.

4. En los partidos, todos van a __animar__ (ganar / animar) al equipo.

5. El equipo mejor debe __ganar__ (ganar / perder) la competencia.

6. Hay competencias de __oratoria__ (golf / oratoria) para los estudiantes que saben hablar muy bien.

5 Unos estudiantes entrevistaron *(interviewed)* a otros estudiantes que participaron en partidos o competencias. Completa las respuestas con las expresiones del cuadro.

fue todo un fracaso	**me dio una rabia**	**estuvo increíble**
fue todo un éxito	**me fue muy bien**	**estuvo buenísima**
me dio mucha alegría	**me fue muy mal**	**estuvo fatal**
me puse a llorar		

MODELO ¿Qué tal estuvo la competencia de atletismo?
Corrí muy bien. **Estuvo increíble.** Answers will vary.
Possible answers:

1. ¿Cómo te fue en patinaje?
Gané. __Me fue muy bien.__

2. ¿Qué tal estuvo la competencia de lucha libre?
La gente gritó de alegría. __Estuvo buenísima.__

3. ¿Cómo salió la competencia de bandas escolares?
Tocamos muy bien. __Fue todo un éxito.__

4. ¿Cómo te sentiste cuando ganaste el debate?
Pues, __me dio mucha alegría.__

5. ¿Qué tal estuvo el partido?
Perdimos 2 a 0. __Estuvo fatal.__

6. ¿Cómo te reaccionaste cuando tu equipo perdió el partido?
Muy mal. __Me dio una rabia.__

7. ¿Cómo te fue en equitación?
Mi caballo no corrió. __Me fue muy mal.__

8. ¿Cómo salió la competencia de natación?
Ganó el otro equipo. __Fue todo un fracaso.__

9. ¿Cómo te sentiste cuando perdiste la competencia de gimnasia?
Horrible. __Me puse a llorar.__

¡Mantente en forma!

Irregular preterites: *ponerse* and *decir*

- **Ponerse** and **decir** are irregular in the preterite.

	ponerse	decir
yo	me **puse**	**dije**
tú	te **pusiste**	**dijiste**
usted/él/ella	se **puso**	**dijo**
nosotros(as)	nos **pusimos**	**dijimos**
vosotros(as)	os **pusisteis**	**dijisteis**
ustedes/ellos/ellas	se **pusieron**	**dijeron**

- To say how someone reacted to something at a particular moment in the past, use **ponerse** with an adjective or **a** and an infinitive.

  ponerse + adjective
  Para la competencia **nos pusimos nerviosos.**
  We became very nervous during the competition.
  ponerse + **a** + infinitive
  Susana **se puso a llorar.**   *Susana **began to cry.***

- The verb **decir** is usually followed by **que** and what was said.

  Tomás **dijo que** el partido no estuvo bien.
  *Tomás **said that** the game didn't go well.*

- To say what someone wanted to do in the past, use the expression **darle ganas de** followed by an infinitive.

  Me dieron ganas de gritar cuando ganamos.
  *I **wanted to shout** when we won.*

---

6 Los muchachos hablan sobre el partido de fútbol de ayer. Completa las oraciones con las formas correctas de los verbos **ponerse** o **decir** en el pretérito.

MODELO Manuel no le ___dijo___ a sus papás la hora del partido y por eso llegaron tarde.

1. Nosotros le ___dijimos___ al entrenador: ¡Estamos preparados!

2. Él se ___puso___ muy contento y nos ___dijo___: ¡Adelante, equipo!

3. Durante el partido, las animadoras nos animaron y nos ___pusimos___ muy alegres con sus canciones y bailes.

4. Tú te ___pusiste___ a gritar: ¡Vamos a ganar!

5. Mis amigos me ___dijeron___ que jugué muy bien y me ___puse___ feliz.

CAPÍTULO
4

GRAMÁTICA 1

The preterite of stem-changing –ir verbs

- Verbs ending in **–ir** that have a stem change in the present tense also have a stem change in the preterite tense, but only in the third-person forms.

  e → i   sentí   sintió   **o → u**   dormí   durmió

- Some verbs that fit this pattern are **sentir, sentirse, dormir, dormirse** *(to fall asleep)*, **preferir, seguir, divertirse** *(to have fun)*, and **vestirse.**

- When **seguir** is followed by a gerund, it means *to continue doing something.*

  Se hizo de noche y **siguió** lloviendo.   *Night fell and it **continued** raining.*

- In the preterite, some forms of **reírse** have an accent and some don't. Note that the accented **í** is pronunced as a separate syllable when it follows the **e.**

yo	me reí	nosotros(as)	nos reímos
tu	te reíste	vosotros(as)	os reísteis
usted/él/ella	se rió	ustedes/ellos/ellas	se rieron

---

7 Ana y Rosa juegan a un juego. Ana dice una oración en presente y Rosa la escribe en pretérito. Escribe la parte de Rosa.

1. ANA: Roberto se siente bien después de hacer ejercicio.

ROSA: **Roberto se sintió bien después de hacer ejercicio.**

2. ANA: Me duermo tarde para estudiar muy bien.

ROSA: **Me dormí tarde para estudiar muy bien.**

3. ANA: Ellos se divierten en los partidos de básquetbol.

ROSA: **Ellos se divirtieron en los partidos de básquetbol.**

4. ANA: Mis amigas prefieren ser animadoras que jugar en el equipo.

ROSA: **Mis amigas prefirieron ser animadoras que jugar en el equipo.**

8 Pon las siguientes palabras en orden y escribe oraciones en el pretérito.

1. Luis / dormirse / concierto / durante / el

Luis se durmió durante el concierto.

2. yo / sentirse / cansada / entrenamiento / en / el

Yo me sentí cansada en el entrenamiento.

3. mis amigos y yo / divertirse / competencia / patinaje / en / la/ de

Mis amigos y yo nos divertimos en la competencia de patinaje.

4. jugadores / no / vestirse / uniforme / con / los

Los jugadores no se vistieron con uniforme.

---

(41)

GRAMÁTICA 1

The preterite of *ser* and *estar*

- **Ser** and **estar** are irregular in the preterite. The preterite forms of **ser** are the same as those of **ir**.

	estar	ser	ir
yo	estuve	fui	fui
tú	estuviste	fuiste	fuiste
usted/él/ella	estuvo	fue	fue
nosotros(as)	estuvimos	fuimos	fuimos
vosotros(as)	estuvisteis	fuisteis	fuisteis
ustedes/ellos/ellas	estuvieron	fueron	fueron

- Use the preterite of **ser** to say where an event took place, how someone did, or what someone or something was like.

  El debate **fue** en el auditorio. **Fue** muy difícil, y a mi no me **fue** bien.
  *The debate **was** in the auditorium. It **was** very difficult, and **I didn't do** very well.*

- Use the preterite of **estar** to say what your opinion of something was, where someone or something was, or how someone felt for a period of time.

  ¿Cómo **estuvo** el examen de español?   *How **was** the Spanish exam?*
  Estuvieron en la biblioteca **todo el día**.   *They **were** in the library **all day**.*
  Estuve enfermo **toda la semana**.   *I **was** sick **all week**.*

---

9 Completa la conversación entre dos entrenadores sobre cómo les fue a sus equipos el mes pasado. Escribe la forma correcta de **ser** o **estar** en el pretérito.

—El mes pasado (1)_____ **fue** _____ difícil para mi equipo. Nosotros

(2)_____ **estuvimos** _____ de viaje muchos días.

—A nosotros nos (3)_____ **fue** _____ bastante bien. Ganamos una competencia

que (4)_____ **estuvo** _____ buenísima.

—¿Dónde (5)_____ **estuvieron** _____ Uds. el fin de semana pasado? La competencia

(6)_____ **fue** _____ en Texas, ¿no?

—Sí. Mi equipo y yo (7)_____ **estuvimos** _____ en Houston por tres días y todo

(8)_____ **fue** _____ increíble.

—Entonces, (9)_____ **fue** _____ todo un éxito para ti y (10)_____ **estuvo** _____ fatal

para nosotros.

—Bueno, los puntajes de nuestros equipos (11)_____ **fueron** _____ diferentes.

¡Mantente en forma!

10 Escribe si lo que dicen estos estudiantes es **lógico** o **ilógico**.

1. Tengo un calambre en el cerebro. _____ilógico_____

2. Me torcí el corazón. _____ilógico_____

3. Me pusé ungüento en los ojos. _____lógico_____

4. Me quemé los huesos con el sol. _____ilógico_____

5. Me corté el dedo con un cuchillo. _____lógico_____

6. Me di un golpe en la cabeza. _____lógico_____

7. Tengo tos y me duele la garganta. _____lógico_____

8. Me caí del caballo y me rompí la pierna. _____lógico_____

11 Las mamás aconsejan *(advise)* muy bien a sus niños. Escoge el mejor consejo que daría *(would give)* una mamá. **Answers will vary. Possible answers:**

__a__ 1. Estoy mal. Tengo tos.
  a. Tómate este jarabe.
  b. Ponte una curita.
  c. Véndate la garganta.

__a__ 2. Me torcí el tobillo.
  a. Véndatelo.
  b. Ten cuidado.
  c. Tómate las pastillas.

__b__ 3. Me corté el dedo con un vaso.
  a. Ponte hielo.
  b. Ponte una curita.
  c. Descansa un poco.

__c__ 4. Tengo un dolor de cabeza que no se me quita.
  a. Ponte ungüento.
  b. Ponte una curita.
  c. Tómate unas aspirinas.

__c__ 5. Me dio un calambre jugando al fútbol.
  a. Tómate este jarabe.
  b. Tienes que ir al médico.
  c. Debes calentarte antes de hacer ejercicio.

__a__ 6. Me duele la garganta. Estoy resfriado.
  a. Tómate este jarabe para la tos.
  b. Descansa un poco.
  c. Ponte hielo.

__b__ 7. Me di un golpe en la cabeza.
  a. Quédate en cama.
  b. Ponte hielo.
  c. Caliéntate antes de darte un golpe.

(43)

12 El pobre Arturo pasó un fin de semana horrible. Lee qué le pasó y completa el párrafo con las palabras del cuadro.

me quemé	tengo infectado	me corté	me duele
me torcí	tuve un calambre	me caí	hinchado(a)

Este fin de semana fue horrible. Fuimos a practicar esquí acuático. Pero cuando

empecé, (1)____tuve un calambre____ en la pierna. Entonces,

(2)____me caí____ y (3)____me torcí____ el tobillo. Ahora

(4)____me duele____ mucho. Yo (5)____me corté____ el dedo del pie en

la playa cuando salí del agua. Como no me lavé el dedo, ahora lo

(6)____tengo infectado____. Además, no me puse sombrero y

(7)____me quemé____ con el sol. Por eso, ahora tengo la cara muy

(8)____hinchada____ y roja.

13 La enfermera *(the nurse)* del colegio le pregunta a los estudiantes qué les pasó. Contesta las preguntas. Escribe oraciones completas con las palabras entre paréntesis.

MODELO
—¿Qué te pasó? (torcerse / muñeca)____—Me torcí la muñeca.____

1. —¿Qué tienes? (cortarse / dedo / tenerlo infectado)
 —Me corté el dedo y lo tengo infectado.

2. —¿Qué te pasó? (romperse / pierna / patinando)
 —Me rompí la pierna patinando.

3. —¿Qué tienes? (darse un golpe / mano)
 —Me di un golpe en la mano.

4. —¿Qué te pasó? (torcerse / tobillo)
 —Me torcí el tobillo.

5. —¿Qué te pasó? (darse un golpe / codo / pared)
 —Me di un golpe en el codo con la pared.

6. —¿Qué tienes? (tener un calambre / pierna)
 —Tengo un calambre en la pierna.

(44)

14 Mira los dibujos. Describe lo que tiene cada persona y escribe un buen consejo para su problema. Usa la primera respuesta como modelo. **Answers will vary.**
Possible answers:

1. <u>Le duele la garganta.</u>

<u>Tómate este jarabe.</u>

2. <u>Le duele la cabeza.</u>

<u>Tómate unas aspirinas.</u>

3. <u>Estornuda.</u>

<u>Descansa un poco.</u>

4. <u>Le quemé la piel.</u>

<u>Ponte ungüento.</u>

5. <u>Le torcí el tobillo.</u>

<u>Véndate el tobillo.</u>

6. <u>Le corté el dedo.</u>

<u>Ponte una curita.</u>

Nombre _____ Clase _____ Fecha _____

¡Mantente en forma!

> ## Verbs with reflexive pronouns and direct objects
>
> • Use a **reflexive pronoun** when referring to someone doing something to himself or herself.
>
>   El bombero **se** lastimó.   *The fireman hurt **himself**.*
>
> • Sometimes, **reflexive pronouns** are used with a **direct object** that is **a part of the body** or **something that you put on.**
>
>   El bombero **se** lastimó **la mano.** El bombero **se** puso una **venda** en la mano. *The fireman hurt his hand. He put a bandage on his hand.*
>
> • **Pronouns** go before a verb or are attached to the end of a gerund or infinitive.
>
>   **se está poniendo   están prepárandose   va a sentarse**
>
> • In affirmative commands, the reflexive pronoun is attached to the end of the verb. In negative commands, it goes before the verb.
>
>   **Tómate** el jarabe, tienes mucha tos.   No **te levantes** de la cama.

15 Gloria es médica en una clínica. Completa estas frases de sus notas sobre las personas que llegaron a la clínica esta tarde. **Answers will vary. Possible answers:**

MODELO El bombero se quemó la piel en el incendio.

1. El peluquero ___se cortó___ el dedo.

2. El cartero ___se torció___ la muñeca al abrir un paquete.

3. El señor ___se rompió___ un hueso.

4. El muchacho ___se lastimó___ el codo durante el partido.

16 Escribe los mandatos que les da la médica a sus pacientes. **Answers will vary. Possible answers:**

MODELO Me duele mucho la cabeza. <u>**Tómate unas aspirinas y acuéstate.**</u>

1. Me lastimé el muslo durante la carrera.
   No te vendes y ponte hielo.

2. Estoy resfriado y tengo tos.
   Tómate el jarabe.

3. Me rompí la pierna patinando sobre hielo.
   No te levantes.

4. Me corté el dedo al cortar la manzana.
   Lávate y ponte una curita.

46

GRAMÁTICA 2

Past participles used as adjectives

- The **past participle** of a verb can be used as an **adjective.** Use it to describe a condition or an injury.

    Se me **infecté** el dedo.   Tengo el dedo **infectado.**

- The past participles of regular verbs are formed by replacing the infinitive ending with **–ado** for **–ar** verbs and **–ido** for **–er** and **–ir** verbs.

    hinchar / hinchado   **torcer / torcido**   **herir / herido**

- Here are some irregular participles: **romper / roto   abrir / abierto**

- Participles that are used as adjectives must agree with nouns in number and gender.

    Tiene los ded**os** rot**os.**   Tienes la muñe**ca** torcid**a.**

---

17 Éstas son las lesiones *(injuries)* de los jugadores. Completa las oraciones usando el participio pasado.

MODELO Julián se cortó el pie. Tiene el pie **cortado.**

1. A Miguel se le hincharon los dedos. Tiene los dedos _hinchados_____.

2. Juan se rompió la muñeca. Tiene la muñeca _rota_____.

3. Te torciste el tobillo. Tienes el tobillo _torcido_____.

4. Te quemaste con el sol. Tienes la piel _quemada_____.

18 Estas son algunas preguntas que le hicieron a Manuel en la sala de emergencias. Contesta las preguntas, usando el participio pasado como adjetivo.

Answers will vary. Possible answers:

MODELO ¿Qué te pasó en las rodillas? **Tengo las rodillas hinchadas.**

1. ¿Qué te pasó en el codo?
   Me lastimé durante la competición.

2. ¿Qué te pasó en la muñeca?
   Me la rompí.

3. ¿Qué te pasó en los dedos del pie?
   Me corté los dedos del pie corriendo.

4. ¿Qué te pasó en la oreja?
   Me quemé con el sol.

5. ¿Qué te pasó en la pierna?
   Me di un golpe durante el partido.

---

(47)

The preterite of verbs like *caer*

1. Some **-er** and **-ir** verbs like **caerse, leer,** and **construir** have a stem that ends in a vowel. In the preterite, the **i** of the third-person endings changes to **y: -ió / -yó** and **-ieron / -yeron.**

In all other forms the **i** has a written accent mark: **í.**

yo	me **caí**	nosotros(as)	nos **caímos**
tú	te **caíste**	vosotros(as)	os **caísteis**
usted/él/ella	se **cayó**	ustedes/ellos/ellas	se **cayeron**

19 Di de dónde o en dónde se cayeron estas personas. Escribe oraciones completas. Usa el pretérito del verbo **caerse.**

MODELO
tú, el árbol **Tú te caíste del árbol.**

1. ellos, las escaleras **Ellos se cayeron de las escaleras.**

2. Ivette y yo, la bicicleta **Ivette y yo nos caímos de la bicicleta.**

3. Julio, la cama **Julio se cayó de la cama.**

4. Alma y tú, el agua **Alma y tú se cayeron / os caísteis en el agua.**

5. yo, la bañera **Yo me caí en la bañera.**

6. tú, del caballo **Tú te caíste del caballo.**

7. nosotros, la piscina **Nosotros nos caímos en la piscina.**

20 Raúl y Andrea se encontraron en el hospital. Completa la conversación con la forma correcta del pretérito de los verbos **caerse, leer** y **construir.**

—¡Hola, Andrea! ¿Qué te pasó?

—A mí, nada. Mi hermanito (1)____**se cayó**____ de la cama y se dio un golpe en la cabeza. Y tú, ¿qué tienes? ¿También (2)____**te caíste**____?

—Me rompí la pierna cuando (3)____**me caí**____ de las escaleras. No pude ir a la clase de ciencias. ¿Cómo estuvo?

—Muy bien. Todos los estudiantes (4)____**leyeron**____ su tarea. Después Laura y yo (5)____**construímos**____ un barco en la clase.

—¿Puedo ver el barco más tarde?

—No, (6)____**se cayó**____ de la mesa y se rompió.

Día a día

1 Sara piensa en las cosas que tiene que hacer antes de salir. Lee el párrafo y complétalo con palabras apropiadas del cuadro.

apagar	recoger	llaves	impermeable	ponerme
cepillarme	ducharme	maquillarme	irme	acordarme

Mi libro de ciencias está en el piso; lo tengo que ____recoger____. Antes de vestirme, tengo que ____ducharme____ y ____maquillarme____. Mañana es un día especial, porque viene la directora de la escuela a visitar mi clase. Por eso voy a ____ponerme____ la blusa nueva.

También tengo que ____cepillarme____ el pelo y ____acordarme____ de poner las ____llaves____ en mi mochila antes de salir.

Si llueve, voy a llevar el ____impermeable____ rojo, que es muy bonito.

2 Ahora empareja cada palabra de la columna de la izquierda con la frase correspondiente en la columna de la derecha.

__e__ 1. teléfono celular

__g__ 2. lápiz labial

__h__ 3. cepillarme

__f__ 4. impermeable

__a__ 5. la llave

__d__ 6. date prisa

__b__ 7. acordarme

__c__ 8. pintarme las uñas

> **a.** usas esta cosa para abrir la puerta
> **b.** no olvidarte
> **c.** poner color en las manos
> **d.** lo que le dices a un amigo que tarda
> **e.** usas esta cosa para llamar a un amigo
> **f.** lo que te pones cuando llueve
> **g.** las muchachas usan esta cosa para maquillarse
> **h.** lo que haces para arreglarte el pelo

3 Estos jóvenes dicen lo que tienen que hacer antes de salir de la casa. Mira los dibujos y escribe lo que dicen.
Necesito...

MODELO ___ducharme___.

1. ___lavarme los dientes___.

2. ___cepillarme el pelo___.

3. ___usar lápiz labial___.

4. ___mi teléfono celular___.

5. ___agarrar el paraguas___.

6. ___apagar las luces___.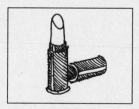

4 Empareja cada pregunta de la columna de la izquierda con la frase correspondiente en la columna de la derecha.
How would you...

___f___ 1. say your friend takes a long time to get ready?

___a___ 2. tell someone who is rushing you that you only need to turn out the lights?

___d___ 3. say that you totally forgot something?

___b___ 4. tell someone not to worry, that you just locked the door?

___e___ 5. say that you couldn't find the umbrella?

___c___ 6. tell someone to hurry and that it's getting late.

a. Sólo me falta apagar las luces.
b. No te preocupes. Acabo de cerrar la puerta con llave.
c. Date prisa. Se nos hace tarde.
d. Se me olvidó por completo.
e. No pude encontrar el paraguas.
f. Te tardas tanto en arreglarte.

5 El señor y la señora López van a llegar tarde a una fiesta. Completa la conversación con expresiones apropiadas del cuadro.

No te preocupes.	Sólo me falta agarrar las llaves.	¿Todavía no estás lista?
¡Ya voy!	Tardas mucho en arreglarte.	Se nos hace tarde.
Tranquila.	La fiesta empieza en media hora.	Estoy lista.

MODELO

Answers will vary.
Possible answers:

Sra. López —¡Date prisa! Se nos hace tarde.

Sr. López —**Tranquila.** Sólo necesito lavarme los dientes.

1. el Sr. López —**¿Todavía no estás lista?** Se nos hace tarde.

2. la Sra. López —**No te preocupes.** Sólo me falta ponerme el vestido.

3. el Sr. López —¡Date prisa! **La fiesta empieza en media hora.**

4. la Sra. López —**¡Ya voy!** Estoy poniéndome los lentes de contacto.

5. el Sr. López —¿Todavía no estás lista? **Tardas mucho en arreglarte.**

6. la Sra. López —Tranquilo. **Sólo me falta agarrar las llaves.**

7. el Sr. López —¡Date prisa! **Se nos hace tarde.**

8. la Sra. López —No te preocupes. **Estoy lista.**

6 Ayuda a Lupe. Escoge la respuesta más lógica para cada pregunta.

__a__ 1. ¿Te acordaste de darle de comer al perro?
   a. Se me olvidó por completo, pero sí lo saqué a pasear.
   b. Sí, lo saqué a pasear.

__a__ 2. ¿Trajiste el paraguas?
   a. Sí, y también traje mi impermeable.
   b. Se me olvidó mi teléfono celular.

__b__ 3. ¿Te acordaste de apagar las luces de la habitación?
   a. ¡Siempre tardas tanto en arreglarte!
   b. ¡Ay! Se me olvidó por completo.

__b__ 4. ¿Trajiste las llaves de la casa?
   a. Recogí los útiles escolares.
   b. Sí, y cerré la puerta con llave.

51

Día a día

Preterites of *poder* and *traer*

• These verbs are irregular in the preterite. **Poder** can be followed by an infinitive to say what you could or couldn't do.

	poder	traer
yo	pude	traje
tú	pudiste	trajiste
Ud., él, ella	pudo	trajo
nosotros(as)	pudimos	trajimos
vosotros(as)	pudisteis	trajisteis
Uds., ellos, ellas	pudieron	trajeron

Tú no **pudiste** hacer el pastel ayer.   *You **couldn't** make the cake yesterday.*
Pudieron andar en bicicleta en el parque.   *They **were able** to ride bikes in the park.*
Traje el libro para estudiar.   *I **brought** the book to study.*

---

7 Carmela le dice a su mamá lo que pasó en el fin de semana. Completa las oraciones con las formas correctas de **poder** en el pretérito + infinitivo.

MODELO Yo no ___pude llegar___ a tiempo al partido del viernes.

1. Ramón y Luis ___pudieron ir___ al cine después del partido.

2. Belén no ___pudo sacar___ fotos, se olvidó de llevar la cámara.

3. Mamá, ¿___pudiste llevar___ a papá al concierto?

4. Elena y yo no ___pudimos hablar___ por teléfono con Rubén.

5. Yo sí ___pude agarrar___ el impermeable antes de salir.

8 Completa las oraciones con la forma correcta de **traer** en el pretérito. Luego empareja cada oración de la columna de la izquierda con la oración correspondiente en la columna de la derecha.

__c__ 1. Martín no ___trajo___ su paraguas.

__a__ 2. Nosotras no ___trajimos___ el cepillo.

__f__ 3. Tú no ___trajiste___ tus lentes de contacto.

__e__ 4. Luis y Carlos no ___trajeron___ sus teléfonos celulares.

__b__ 5. Yo no ___traje___ mi lápiz labial.

__d__ 6. Lorena no ___trajo___ sus llaves.

a. No pudimos cepillarnos el pelo.
b. No pude pintarme los labios.
c. No pudo llegar seco.
d. No pudo entrar a su casa.
e. No pudieron llamar a sus amigas.
f. No pudiste ver bien.

GRAMÁTICA 1

> ### Verbs with reflexive pronouns
>
> • Other verbs with **reflexive pronouns:**
>
>   ducharse   pintarse las uñas   cepillarse   darse prisa   arreglarse
>
> • Some verbs with **reflexive pronouns** express the subject's thoughts/feelings.
>
>   olvidarse   preocuparse   acordarse   ponerse a + infinitive
>
> • Some verbs with **reflexive pronouns** have a different meaning than their non-reflexive forms, such as **ir** and **irse.**
>
> • Use **direct object pronouns** to take the place of the direct object of a verb.
>
>   **¿Te** estás cepillando **los dientes?**   No **me los** puedo cepillar ahora.
>   *Are you brushing your teeth?*   *I can't brush them right now.*

9 El señor Gómez le dice a José las cosas que tiene que hacer. Completa las oraciones con la forma correcta de los verbos del cuadro.

cepillarse	tardarse	preocuparse	lavarse	darse prisa

MODELO No __te preocupes__ por mí.

1. Por la mañana no __te tardes__ en darle de comer al perro.

2. Después de bañarte, __cepíllate__ el pelo.

3. __Date prisa__ para no llegar tarde al médico.

4. __Lávate__ los dientes después de comer.

10 Escribe cada oración de nuevo con el pronombre de complemento directo correcto.

  MODELO Ángela tiene que agarrar el impermeable. **Ángela tiene que agarrarlo.**

1. Me voy a quitar los zapatos.

    Me los voy a quitar. / Voy a quitármelos.

2. María se va a cepillar el pelo.

    María se lo va a cepillar. / María va a cepillárselo.

3. Mis hermanos se van a lavar las manos.

    Mis hermanos se las van a lavar. / Mis hermanos van a lavárselas.

4. ¿Te vas a pintar las uñas?

    ¿Te las vas a pintar? / ¿Vas a pintártelas?

5. Nos olvidamos de llevar las llaves.

    Nos las olvidamos de llevarlas.

Possessive pronouns

• Use a **possessive adjective** before a noun, to show ownership.

—¿Cómo es **tu** perro?   *What is **your** dog like?*
—**Mi** perro es pequeño y activo. *My dog is small and active.*

• Use a **possessive pronoun** if you take out the noun.

—Preparaste tu almuerzo. ¿Preparaste **el mío**? *You made your lunch. Did you make **mine?***
—No, **el tuyo** lo hizo mamá.   *No, Mom made **yours.***

• **Possessive pronouns** agree with the nouns they refer to.

	Masculine	Feminine	Masculine	Feminine
	Singular		Plural	
mine	el mío	la mía	los míos	las mías
yours	el tuyo	la tuya	los tuyos	las tuyas
yours (formal)	el suyo	la suya	los suyos	las suyas
his/hers/its				
ours	el nuestro	la nuestra	los nuestros	las nuestras
yours (plural)	el vuestro	la vuestra	los vuestros	las vuestras
yours/theirs	el suyo	la suya	los suyos	las suyas

Este es tu carro y ese es **el mío.** *This is your car and that one is **mine.***

• After the verb **ser** the definite article is often omitted.

¿Son **suyas** estas llaves? *Are these keys **yours?***

11 Cada persona dice cuáles son sus cosas. Completa las oraciones siguiendo el modelo.

MODELO Son mis libros. Son <u>los míos.</u>

1. Es mi toalla. Es <u>la mía</u>.
2. Es tu sillón. Es <u>el tuyo</u>.
3. Son mis zapatos. Son <u>los míos</u>.
4. Son tus llaves. Son <u>las tuyas</u>.
5. Es nuestro teléfono. Es <u>el nuestro</u>.
6. Es su blusa. Es <u>la suya</u>.
7. Son sus útiles escolares. Son <u>los suyos</u>.
8. Son nuestras mascotas. Son <u>las nuestras</u>.

Día a día

12 Mira los dibujos. Escribe la palabra correspondiente de la lista para cada uno.

| hacer crucigramas | crear un álbum | reunirse en un café Internet |
| tocar la guitarra | trabajar en mecánica | tejer |

crear un álbum

tejer

tocar la guitarra

trabajar en mecánica

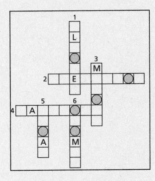
hacer crucigramas

reunirse en un café Internet

13 Contesta las siguientes preguntas con una frase apropiada en español.
How would you... Answers will vary. Possible answers:

1. ...ask Elena if she is interested in learning to knit?
Elena, ¿te interesa aprender a tejer?

2. ...say that you are more interested in playing cards?
Me llama más la atención jugar naipes.

3. ...say that Miguel spends a lot of time jogging?
Miguel pasa mucho tiempo trotando.

4. ...ask Tomás how long he's been doing martial arts?
Tomás, ¿cuánto tiempo hace que practicas artes marciales?

VOCABULARIO 2

14 Escribe una pregunta para cada una de estas respuestas.
Answers will vary. Possible answers:

1. _¿Te gusta pintar con muchos colores?_

   No, no me llama la atención pintar.

2. _¿Te gusta trotar con tu mascota?_

   Sí, pero mi mascota se cansa mucho de trotar en el parque.

3. _¿Te interesa aprender a coser?_

   No, prefiero aprender a hacer diseño por computadora.

4. _¿Te interesa coleccionar estampillas?_

   Sí. Voy a crear un álbum con toda mi colección.

5. _¿Les interesa reunirse en casa tú y tus amigos?_

   No, preferimos reunirnos en un café Internet.

6. _¿Te gusta hacer crucigramas en español?_

   Sí, pero los crucigramas en español son difíciles.

15 Natalia y Marco conversan sobre sus intereses para conocerse mejor. Completa la conversación con expresiones apropiadas del cuadro.
Answers will vary. Possible answers:

te interesan	¡Ay, qué pesado!	No, no me interesa.	me llama más la atención
para nada	te interesa	aprender a	te gustan sí, me interesan

—(1) ¿_____Te interesa_____ tomar clases de guitarra?

—No, no me interesa. (2)_Me llama más la atención_ crear CDs.

—(3) ¿_____Te interesan_____ los carros?

—(4)_____Sí, me interesan_____ mucho. Me gusta trabajar en mecánica.

—¿Y te gusta tejer suéteres?

—No, no me gusta tejer (5)_____para nada_____. Es aburrido.

—¿A ti te interesa coleccionar estampillas?

—(6)_____No, no me interesa._____ Me llama más la atención coleccionar monedas.

—¿Y te interesa el esquí acuático?

—(7) _____¡Ay, qué pesado!_____. No me interesa para nada.

(56)

16 Ayuda a Isabel a describir los intereses de sus compañeros de clase. Escoge la palabra en paréntesis más apropiada para cada oración.

MODELO

Me interesa mucho tomar **clases de guitarra**. (clases de guitarra / crear un álbum)

1. Desde hace un tiempo colecciono **estampillas** de diferentes países. (naipes / estampillas)

2. No les interesa para nada aprender a **tejer** bufandas y suéteres. (grabar / tejer)

3. A ella le encanta **crear CDs** para sus amigos. (crear CDs / cansarse)

4. A nosotros no nos gusta **cuidar a una mascota** porque siempre tienes que darle de comer. (hacer crucigramas / cuidar a una mascota)

5. Mis amigos y yo nos reunimos en un **café Internet** todos los sábados. (crucigrama / café Internet)

6. A Julia le interesa **intercambiar** estampillas con personas que también las coleccionan. (intercambiar / coser)

17 Lee esta nota de Ofelia, una estudiante. Luego escribe las respuestas de Ofelia a las preguntas. Usa tu imaginación y la información.

Soy Ofelia. Empecé a estudiar español en primer grado y me gusta mucho. No me interesa aprender otro idioma. Ya no practico esquí acuático porque prefiero los ejercicios aeróbicos. Me llama más la atención coser vestidos de gala. Me interesa mucho tejer. No me interesan para nada los deportes al aire libre.
Answers will vary. Possible answers:

1. ¿Cuánto tiempo hace que estudias español?
   Hace mucho tiempo. Empecé mis clases en primer grado.

2. ¿Te interesa aprender otro idioma?
   No, no me interesa para nada.

3. ¿Sigues practicando esquí acuático?
   Ya no. Ahora prefiero tejer.

4. ¿Qué te llama más la atención, coser o pintar?
   Me llama más la atención coser vestidos de gala.

5. ¿Te interesan los deportes al aire libre?
   No, no me interesan para nada.

Día a día

Negative expressions; *ninguno(a)*

- Negative expressions go before or after the verb. The word **no** always goes before the verb.

  No como **nunca** entre comidas.   *I **don't** ever eat between meals.*

- **Nada** and **nadie** are placed before the verb when they are the subject.

  Nadie tiene hambre hoy.   ***No one** is hungry today.*
  When **nadie** is the object of a verb use the personal **a.**
  No veo **a** nadie en la sala.   *I didn't see **anybody** in the living room.*

- **Ninguno** and **ninguna** should match the noun in gender.

  ¿Quieres una foto? No, no quiero **ninguna.**
  *Do you want a picture? No, I don't want **any.***
  ¿Compraste algún CD? No, no compré **ninguno.**
  *Did you buy a CD? No, I didn't buy **any.***

- **Ninguno** and **ninguna** can stand alone or go in front of a noun.

  —¿Cuántas monedas de Perú tienes?   *How many coins from Peru do you have?*
  —No tengo **ninguna.**   *I don't have **any.***

---

18 La familia Rodríguez conversa en casa. Completa las oraciones con las palabras del cuadro.

ningún	a nadie	nunca	nadie	nada	ninguna	ninguno

MODELO
¿Por qué no comieron _____ninguna_____ manzana?

1. Yo creo que _____nadie_____ aquí tiene hambre.

2. Mamá, estoy muy cansado. No quiero hacer _____nada_____ después de comer.

3. Los vecinos tienen dos perros pero nosotros no tenemos _____ninguno_____.

4. Papá, en esta casa _____a nadie_____ le interesa jugar naipes conmigo.

5. Yo _____nunca_____ pude aprender a tejer suéteres.

6. No encuentro _____ningún_____ crucigrama en el periódico.

GRAMÁTICA 2

Hace with time expressions

- To talk about an event that began in the past and is still going on, use:

  hace + time expression + **que** + a verb in the present tense.

  —¿Cuánto tiempo **hace que tocas** la guitarra?

  How long have you been playing the guitar?

  —**Hace** tres meses **que** la **toco.**

  I've been playing the guitar *for three months.*

- These expressions are used with **hace… que** and a verb in the present tense.

  una hora   **una semana**   **un año**

---

19 Rita y Martín están entrevistando a sus compañeros. Escribe las preguntas usando **¿Cuánto tiempo hace que…?** y las palabras en paréntesis.

MODELO <u>¿Cuánto tiempo hace que juegas al fútbol?</u> (jugar al fútbol)

1. <u>¿Cuánto tiempo hace que diseñas páginas Web?</u> (diseñar páginas Web)

2. <u>¿Cuánto tiempo hace que coleccionas monedas?</u> (coleccionar monedas)

3. <u>¿Cuánto tiempo hace que coses vestidos de gala?</u> (coser vestidos de gala)

4. <u>¿Cuánto tiempo hace que trabajas en mecánica?</u> (trabajar en mecánica)

20 El profesor les pregunta a los estudiantes sobre sus intereses. Contesta las preguntas usando las palabras en paréntesis.

MODELO —¿Cuánto tiempo hace que tocas la guitarra? (seis meses)

           —**Hace seis meses que toco la guitarra.**

1. ¿Cuánto tiempo hace que lees ese libro? (un mes)

   Hace un mes que leo ese libro.

2. ¿Cuánto tiempo hace que trotas por las noches ? (una semana)

   Hace una semana que troto por las noches.

3. ¿Cuánto tiempo hace que tus padres tienen una mascota? (poco tiempo)

   Hace poco tiempo que tienen una mascota.

4. ¿Cuánto tiempo hace que tú y Susana son animadoras? (unos días)

   Hace unos días que somos animadoras.

5. ¿Cuánto tiempo hace que Pablo estudia francés? (un año)

   Hace un año que estudia francés.

6. ¿Cuánto tiempo hace que coleccionas estampillas? (mucho tiempo)

   Hace mucho tiempo que colecciono estampillas.

GRAMÁTICA 2

> ### Pero and sino
>
> • Both **pero** and **sino** mean *but*.
>
>   Me gusta caminar **pero** no me gusta trotar.   *I like to walk, **but** I don't like to jog.*
>
> • Use **sino** to say *but* as in *"Not this, but that instead"*. Use it after a negated verb.
>
>   No quiero esa estampilla **sino** la otra.
>   *I don't want that stamp, **but** I do want the other one.*
>
> • **Sino** is commonly used in this expression: **No sólo... sino también...**
>
>   María **no sólo** intercambia revistas **sino también** tarjetas.
>   *Maria **not only** trades magazines, **but also** cards.*

21 Completa las oraciones con **sino** o **pero**.

1. Me encanta la música de piano ____pero____ no sé tocarlo.

2. No quiero ir al cine ____sino____ al teatro.

3. Quiero dormir hasta tarde ____pero____ tengo clases temprano.

4. Me gusta jugar naipes ____pero____ no juego muy bien.

5. Mi materia favorita no es el español ____sino____ las matemáticas.

6. Me interesa el diseño por computadora ____pero____ no tengo tiempo para aprenderlo.

22 Completa estas oraciones usando la palabra **sino** o **pero** y el vocabulario apropiado que aprendiste en esta lección. **Answers will vary. Possible answers:**

MODELO No me gusta dibujar para nada **pero me encanta hacer diseño por computadora.**

1. Me llama la atención jugar naipes _pero prefiero hacer crucigramas._

2. No me interesa mucho tejer _sino diseñar páginas Web._

3. Mi madre no estudia español _pero le llama la atención escucharlo._

4. A mi padre no le gusta la mecánica _sino coleccionar estampillas._

5. No me interesa aprender a coser _sino trabajar en mecánica._

6. Mis hermanos hacen crucigramas _pero a mí me interesan las monedas._

Recuerdos

1 En la clase de español, los estudiantes recuerdan su vida de niños. Completa las conversaciones con expresiones del cuadro. Ojo, no necesitas usarlas todas.

te gustaba	de pequeño(a)	nos peleábamos	me fascinaba	tenías
te llevabas	malas notas	hacer travesuras	me fastidiaba	
me gustaba	te fastidiaba	te fascinaba	molestaba	

MODELO —¿Qué te gustaba hacer cuando tenías ocho años?

—A mí __me gustaba__ jugar lleva con mis amigos.

—(1)¿__De pequeño(a)__ te llevabas bien con tus hermanos?

— No, (2)__me fastidiaba__ compartir mis juguetes con ellos.

—¿Qué te gustaba hacer cuando (3)__tenías__ diez años?

—(4)__Hacer travesuras__ en mi casa, como bañar al perro con el jabón de mi

mamá y peinarlo con el cepillo de mi papá.

—¿Qué te (5)__molestaba__ de niño(a)?

—Sacar (6)__malas notas__, porque ya no podía jugar al escondite con mis

vecinos.

—¿Cómo (7)__te llevabas__ con tus hermanas?

—Bastante mal. (8)__Nos peleábamos__ casi todos los días.

2 A María le gustan los juegos y pasatiempos tranquilos. A Juan le gustan los juegos más activos. Para cada actividad abajo, escribe, **a** si es una actividad que le gustaría a María o **b** si es una actividad que le gustaría a Juan.

__b__ **1.** columpiarse

__b__ **2.** jugar lleva

__a__ **3.** coleccionar láminas

__a__ **4.** jugar a las damas

__b__ **5.** trepar a los árboles

__a__ **6.** ver dibujos animados

__a__ **7.** jugar a la casita

__b__ **8.** saltar a la cuerda

3 Lee las oraciones y usa la información que tienes para escribir a qué le gustaba jugar a cada una de estas personas.

___a___ 1. Rubén tiene 400 láminas de deportes. De pequeño, le gustaba ___.
     a. coleccionar   **b.** leer   **c.** correr

___c___ 2. Ana conoce todos los programas de televisión de hace 10 años. De pequeña le gustaba ___.
     a. jugar con muñecas   **b.** jugar a la casita   **c.** ver dibujos animados

___b___ 3. A Luis le gustaba correr. Le fascinaba ___.
     a. columpiarse   **b.** echar carreras   **c.** compartir los juguetes

___c___ 4. A Ricardo le fascinaban los parques de juegos. Le gustaba ___.
     a. jugar a las damas   **b.** saltar a la cuerda   **c.** columpiarse

___c___ 5. Luisa se llevaba bien con su hermana porque le gustaba ___.
     a. hacer travesuras   **b.** saltar la cuerda   **c.** compartir los juguetes

4 Lee el párrafo que escribió Nina sobre cuando era más joven. Luego, lee las oraciones siguientes y escribe **a** si son **ciertas** o **b** si son **falsas.**

Cuando tenía seis años, yo era bastante perezosa. Me gustaba hacer cosas como coleccionar láminas y ver dibujos animados. Odiaba jugar lleva y nunca me columpiaba. Cuando tenía diez años, era más activa. Me fascinaba trepar a los árboles y saltar a la cuerda. Pero siempre me gustaban las clases y sacaba buenas notas. También era un poco traviesa y me gustaba hacer travesuras. Como ahora, soñaba con ser ingeniera y me fascinaban las clases de ciencias y matemáticas.

___b___ 1. Cuando tenía seis años, a Nina probablemente le gustaba echar carreras.

___a___ 2. Cuando tenía diez años, a Nina le gustaban las actividades al aire libre.

___a___ 3. Nina siempre era buena estudiante.

___b___ 4. Nina siempre era muy seria.

___b___ 5. De niña, Nina soñaba con ser ingeniera, pero ahora no.

   62

5 Lili y Pablo quieren pasar la tarde juntos, pero no saben qué hacer. Escribe lo que pregunta Lili para completar su conversación.

MODELO Lili <u>¿Con qué sueñas?</u>

Pablo Sueño con ser médico. **Answers will vary. Possible answers:**

Lili <u>¿Quieres jugar a las damas?</u>

Pablo No, no me gustan los juegos de mesa.

Lili <u>Bueno. Entonces, ¿qué tal si vemos dibujos animados?</u>

Pablo No, es aburrido sentarme enfrente del televisor.

Lili <u>Pues, hace buen tiempo. ¿Quieres salir a trepar a los árboles?</u>

Pablo No, no quiero porque tengo miedo de caerme.

Lili <u>Pablo, ¿qué te gusta hacer?</u>

Pablo Mmm, me gusta mucho jugar con carritos.

Lili <u>Tengo dos carritos. ¿Prefieres el azul o el negro?</u>

Pablo Prefiero el negro. Gracias.

6 ¿Qué te gustaba hacer de niño(a)? Completa las oraciones con respuestas lógicas. **Answers will vary. Possible answers:**

1. De pequeño(a), todos los días yo solía _____
   <u>jugar al escondite con mis amigos</u>.

2. Los fines de semana, después de terminar mi tarea, me gustaba _____
   <u>hacer travesuras con mis hermanos</u>.

3. También me fascinaba <u>saltar a la cuerda y jugar a las damas</u>.

4. Me molestaba <u>compartir mis juguetes</u>
   y me fastidiaba <u>ver la televisión</u>.

5. Siempre soñaba con <u>ser policía</u>.

Recuerdos

Imperfect of regular verbs

- The **imperfect** tense says what someone used to do, what things were like, or how they used to be.

- To form the **imperfect,** change the infinitive ending to the imperfect endings.

	hablar	**comer**	**vivir**
yo	hablaba	comía	vivía
tú	hablabas	comías	vivías
usted, él, ella	hablaba	comía	vivía
nosotros(as)	hablábamos	comíamos	vivíamos
vosotros(as)	hablabais	comíais	vivíais
ustedes, ellos, ellas	hablaban	comían	vivían

Mis amigos y yo **comíamos** en la escuela. *My friends and I **used to eat** at school.*
Vivíamos cerca de un parque. *We **lived** near a park.*

- To say what someone usually did, use the **imperfect** of **soler** + infinitive.
  Solía coleccionar láminas de deportes. *I **used to collect** sports cards.*

- The **imperfect** is often used with expressions such as **muchas veces, a veces, (casi) siempre, nunca, todos los años.**

Siempre jugábamos al escondite por las tardes.
*We **always played** hide and seek in the afternoons.*

---

7 Los primos hablan durante una reunión familiar. Completa las oraciones con el imperfecto de los verbos en paréntesis.

MODELO ¿Recuerdan cuando teníamos seis años? Nosotros
_____solíamos_____ (soler) ir al parque por las tardes.

—Sí, Marcos siempre (1)___molestaba___ (molestar) a Susana porque ella no podía trepar a los árboles.

—Pero ella siempre le (2)___ganaba___ (ganar) cuando ellos (3)___echaban___ (echar) carreras en el parque.

—Nosotros siempre (4)___hacíamos___ (hacer) alguna travesura. ¿Se acuerdan cuando rompimos la lámpara de la sala?

—Sí, eso fue cuando José y Ana (5)___vivían___ (vivir) en la calle Madero.

—A mí me (6)___gustaba___ (gustar) más jugar al escondite. Nosotros (7)___jugábamos___ (jugar) hasta la hora de cenar.

GRAMÁTICA 1

The imperfect of ir and ver

• In the imperfect tense, the verbs **ir** and **ver** are irregular.

	ir	**ver**
yo	**iba**	**veía**
tú	**ibas**	**veías**
usted, él, ella	**iba**	**veía**
nosotros(as)	**íbamos**	**veíamos**
vosotros(as)	**ibais**	**veíais**
ustedes, ellos, ellas	**iban**	**veían**

A veces **veíamos** dibujos animados cuando **iba** a tu casa.
*Sometimes **we used to watch** cartoons when **I went** to your house.*

---

8 Raúl está hablando de lo que hacía su familia cuando era joven. Escoge el verbo en paréntesis más apropiado para completar cada oración.

Mi familia y yo siempre (1)_____**íbamos**_____ (íbamos / veíamos) a la playa los fines de semana. Allí, mis hermanos siempre (2)_____**veían**_____ (veía / veían) dibujos animados y yo (3)_____**iba**_____ (iba / íbamos) al parque de diversiones. Mis amigos también (4)_____**iban**_____ (iban / veían) allí y nos (5)_____**veíamos**_____ (veía / veíamos) todos los sábados. A veces mis amigos y yo (6)_____**íbamos**_____ (íbamos / veíamos) al cine.

9 Tu amigo te está preguntando sobre cómo eras de niño(a). Contesta las preguntas.

1. ¿Veías mucha televisión de niño(a)?
Answers will vary.

2. ¿Iban tú y tu familia a la playa todos los veranos?
_____

3. ¿Se veían frecuentemente tú y tus primos?
_____

4. ¿Ibas al cine mucho con tus amigos?
_____

65

GRAMÁTICA 1

> ## Verbs with reciprocal pronouns
>
> - **Reciprocal actions** involve two or more people doing something to or for each other.
> - Use the **reciprocal pronouns** *nos, os,* or *se* with a verb to show that an action is reciprocal.
>
> | | **ayudarse** | |
> | --- | --- | --- |
> | nosotros(as) | **nos** | ayudamos |
> | vosotros(as) | **os** | ayudáis |
> | ustedes, ellos, ellas | **se** | ayudan |
>
> - You can tell whether an action is **reflexive** or **reciprocal** from the context.
>
>   Ellas **se vieron** en el espejo. *(reflexive)* *They looked at themselves in the mirror.*
>   Ellas **se vieron** en el café. *(reciprocal)* *They saw each other in the café.*
>
> - Some verbs to express reciprocal actions are: **abrazarse, ayudarse, quererse, respetarse,** and **contarse cuentos / chistes.**

10 Escribe oraciones en el imperfecto con estas palabras. Usa pronombres recíprocos.

MODELO Marta y Luis / abrazarse / en el cine
Marta y Luis se abrazaban en el cine.

1. Nosotras / ayudarse / tarea __Nosotras nos ayudábamos con la tarea.__

2. Primos / contarse cuentos / terror __Mis primos se contaban cuentos de terror.__

3. Tu papá y tú / quererse / mucho __Tu papá y tú se querían mucho.__

4. Ustedes / ayudarse / coleccionar __Ustedes se ayudaban a coleccionar monedas.__

5. Ellas / prestarse / libros __Ellas se prestaban los libros.__

6. Mi mamá y yo / respetarse / siempre __Mi mamá y yo nos respetábamos siempre.__

11 Indica si lo que dicen estas personas es **lógico** o **ilógico,** según el contexto.

__ilógico__ 1. No nos respetábamos y por eso no nos llevábamos bien.

__lógico__ 2. Nos ayudábamos, yo sacudía y ella lavaba la ropa.

__lógico__ 3. Nos queríamos mucho, por eso nos veíamos todos los días.

__ilógico__ 4. No me gusta hablar con él, por eso le cuento chistes.

__lógico__ 5. A veces nos dábamos la mano cuando nos saludábamos.

__ilógico__ 6. Roberto está en mi clase de biología pero nunca nos vemos.

(66)

Recuerdos

12 Completa el crucigrama *(crossword puzzle)* usando las pistas *(clues)* de abajo.

VERTICALES

1. Alguien que no quiere compartir

2. Alguien que hace lo que le dicen

3. Alguien a quien le gusta jugar

4. Una muchacha que cuenta muchos chistes

5. Un muchacho que habla mucho

HORIZONTALES

6. Una persona que no sabe esperar

7. Alguien que habla mucho de otras personas

8. Una muchacha que prefiere estar sola

VOCABULARIO 2

13 Tus hermanos y tú están describiendo a los miembros de su familia. Completa las oraciones con palabras apropiadas del cuadro.

cariñosa	amable	aventurero	chismosa	obediente
impaciente	curioso	solitario	egoísta	consentida

MODELO

Tía Rosita siempre nos invita a comer los domingos. Ella es muy ____amable____.

1. A Gustavo, nuestro primo que tiene dos años, le encanta abrir puertas. Es muy ____curioso____.

2. Tío Elías viaja todos los veranos a diferentes bosques y montañas. Es ____aventurero____.

3. Raúl nunca quiere compartir sus juguetes ni sus dulces. Es muy ____egoísta____.

4. Mi mamá nos besa y nos abrazamos antes de dormir. Es ____cariñosa____.

5. En las fiestas, mi primo Arturo se sienta solo y no habla con nadie. Es ____solitario____.

6. Al abuelo no le gusta esperar. Es bastante ____impaciente____.

14 Los nietos del abuelo José quieren saber cómo era él de joven. Escoge la palabra en paréntesis que mejor completa cada oración.

—Abuelo, ¿cómo eras en aquel entonces?

—Bueno, yo era bastante **(1)**____solitario____ (solitario / chismoso). No tenía

muchos amigos; me gustaba mucho leer. La verdad es que yo era

(2)____obediente____ (estricto / obediente) con mis padres y creo que por eso

yo era un poco **(3)**____consentido____ (juguetón / consentido). Eso sí, era muy

(4)____curioso____ (bueno / curioso), siempre quería conocer lugares nuevos e

interesantes. Mis hermanos decían que yo era **(5)**____aventurero____ (aventurero /

paciente).

—¿Y tus amigos? ¿Cómo eran?

—Eran muy diferentes, pero **(6)**____buena gente____ (buena gente / egoístas). Eran

muy **(7)**____conversadores____ (amables / conversadores).

15 Roxana les pregunta a sus amigos cómo se sintieron en diferentes situaciones *(situations)*. Contesta las preguntas.

MODELO ¿Cómo te sentiste cuando supiste que no había un examen de español?
<u>**¡Me pareció fenomenal!**</u> Answers will vary.

1. ¿Cómo te sentiste con la partida de tu mejor amigo?

   _____

2. ¿Cómo te sentiste cuando te dijeron que no podías ir al viaje?

   _____

3. ¿Cómo te sentiste cuando supiste de la enfermedad de tu amiga?

   _____

4. ¿Cómo te sentiste cuando te dijeron que ganaste mil dólares?

   _____

5. ¿Cómo te sentiste cuando supiste del nacimiento de tu hermano?

   _____

6. ¿Cómo te sentiste cuando te dijeron de la muerte de tu abuela?

   _____

16 Pon en orden la conversación entre Marina y Pedro, usando las letras **a, b, c, d** y **e.**

   <u>b</u> —Cuando me enteré, no lo pude creer. ¡Qué bien!

   <u>d</u> —Sí, tienes razón. ¿Cómo eran de jóvenes?

   <u>a</u> —¿Cómo te sentiste cuando supiste lo de Laura y Roberto?

   <u>c</u> —¡A mí me pareció fenomenal también! Son buenas gentes.

   <u>e</u> —Eran muy simpáticos y juguetones.

Recuerdos

Imperfect of *ser* and *haber*

- The imperfect of **ser** is used for describing what someone or something was like in the past.

yo	**era**	nosotros(as)	**éramos**
tú	**eras**	vosotros(as)	**erais**
usted, él, ella	**era**	ustedes, ellos, ellas	**eran**

Yo **era** muy callada y mis hermanos **eran** juguetones.
*I **was** very quiet and my brothers **were** playful.*

- Use the **imperfect** form **había** to say what there used to be in the past.

Había muchos niños pequeños. *There were many small children.*

---

17 Josefina cuenta cómo era su familia y qué había en su casa de niña. Escribe oraciones con la información abajo y el imperfecto de **ser** y **haber**.

MODELO jardín / mejor lugar / jugar
Había un jardín y era el mejor lugar para jugar.

1. casa grande / cuatro habitaciones y tres baños
   Era una casa grande. Había cuatro habitaciones y tres baños.

2. dos perros / traviesos y juguetones
   Había dos perros que eran traviesos y juguetones.

3. mamá / buena cocinera / postres deliciosos
   Mamá era buena cocinera y siempre había postres deliciosos.

4. hermanos traviesos / siempre / juguetes en el piso
   Mis hermanos eran traviesos y siempre había juguetes en el piso.

5. abuela / bondadosa / galletas / casa
   Mi abuela era bondadosa. Siempre había galletas en su casa.

18 Mi tío dice cómo eran antes algunas cosas y cómo era él. Completa las oraciones con **ser** o **haber** en el imperfecto y el opuesto *(opposite)* de la palabra subrayada.

MODELO Ahora soy <u>conversador</u>, pero antes era callado.

1. Ahora hay televisión <u>a colores</u>, pero antes **la había en blanco y negro** .

2. Ahora hay <u>pocos</u> nacimientos, pero antes **había muchos** .

3. Ahora soy <u>paciente</u>, pero antes **era impaciente** .

4. Ahora soy chistoso, pero antes **era serio** .

Nombre _____ Clase _____ Fecha _____

Preterite with mental and emotional states

• Use the preterite of verbs like **ponerse** and **sentirse** to describe emotional reactions in the past.

Te pusiste contento cuando llegaron. *You **were** happy when they arrived.*

Me sentí cansado después de los exámenes. *I **felt** tired after the exams.*

• **Querer** in the preterite can be used to talk about reactions at a specific point in the past. Use **saber** in the preterite to say that someone found out something.

yo	quise	supe
tú	quisiste	supiste
usted, él, ella	quiso	supo
nosotros(as)	quisimos	supimos
vosotros(as)	quisisteis	supisteis
ustedes, ellos, ellas	quisieron	supieron

Él **quiso** ir con ella cuando **supo** de su partida.
*He **wanted** to go with her when he **found out** she was leaving.*

• Use the preterite of **estar** when talking about being or feeling a certain way for a certain period of time.

Estuve enfermo toda la semana. *I **was** sick all week.*

---

19 Escoge cómo reaccionaron estas personas en cada situación.

MODELO Oscar no estudió para el examen. <u>Estuvo muy nervioso.</u>

__a__ 1. Luis y Paco tuvieron mucha hambre después del examen.
  a. Quisieron ir a un restaurante.   **b.** Quisimos ir a un restaurante.

__b__ 2. El profesor supo que muchos estudiantes no estudiaron.
  a. No quise ver los exámenes.   **b.** No quiso ver los exámenes.

__a__ 3. Yo saqué una mala nota.
  a. Quise llorar cuando supe la noticia.   **b.** Quiso llorar cuando supo la noticia.

__b__ 4. María estudió mucho para el examen.
  a. Estuvieron tranquila durante el examen.   **b.** Estuvo tranquila durante el examen.

__b__ 5. Nicolás sacó una buena nota.
  a. Nos pusimos feliz.   **b.** Se puso feliz.

__a__ 6. Estuvimos contentos porque terminamos el examen a tiempo.
  a. Quisimos ir a celebrar.   **b.** Quisieron ir a celebrar.

Holt Spanish 2   Cuaderno de vocabulario y gramática
(71)

Preterite of creer, construir, leer, oír and caer(se)
- The verbs **creer, construir, leer, oír,** and **caer(se)** have the same preterite endings.

	leer	**oír**
yo	leí	oí
tú	leíste	oíste
usted, él, ella	**leyó**	oyó
nosotros(as)	leímos	oímos
vosotros(as)	leísteis	oísteis
ustedes, ellos, ellas	le**yeron**	o**yeron**

- The verb **caerse** means *to fall.*

    Los platos **se cayeron** de la mesa.   *The plates **fell** off the table.*

- Use **caer** with an **indirect object pronoun** to talk about the impression someone makes on others.

    A mí **me cayó** bien la nueva profesora.
    *The new teacher **made a good impression** on me.*

---

20 Lee lo que le pasó a Isaac y completa el párrafo con el pretérito de los verbos entre paréntesis.

No puedo olvidarme del día cuando me (1)____caí____ (caer) de la bicicleta.

Primero (2)____oí____ (oír) el grito (*shout*) de un amigo y después

(3)____leí____ (leer) ese letrero: "Peligro, no pasar"; demasiado tarde. Mis dos

vecinos, que venían detrás de mí, también se (4)____cayeron____ (caer).

Mi mamá no (5)____creyó____ (creer) cuando le conté la historia. Además de

lastimarnos, rompimos una casa de madera. Era el juguete de una niña a quien

(6)____le caí____ (caer) muy mal y se puso a llorar. Ella no (7)____creyó____

(creer) que era un accidente. Nosotros (8)____construimos____ (construir) otra vez la

casa y nos fuimos a casa lastimados y cansados.

¡Buen provecho!

1 Mira los dibujos. Escribe la palabra apropiada del cuadro con cada dibujo.

la pera los mariscos	los bocadillos	el plátano	las fresas
un surtido de frutas frescas	la ensalada mixta	la lechuga	la piña

1. ___el plátano___

2. ___las fresas___

3. ___la ensalada mixta___

4. ___la pera___

5. ___la piña___

6. ___un surtido de frutas___
    ___frescas___

7. ___los mariscos___

8. ___la lechuga___

9. ___los bocadillos___

(73)

VOCABULARIO 1

2 José trabaja en un restaurante. Ayúdalo a completar el menú del día. Usa las palabras del cuadro.

bistec	caldo	pollo	crema	ensalada	sopa	flan	cerdo

Restaurante "La Palma"
Menú del día

_____Sopa_____ de verduras

_____Caldo_____ de pollo

_____Ensalada_____ mixta

Chuleta _____de cerdo_____ con gandules

_____Pollo_____ asado _____Bistec_____ encebollado

_____Flan_____ de vainilla   Fresas con _____crema_____

3 Unos amigos están en un restaurante y van a pedir lo que quieren de comer. Completa su conversación con el mesero con las expresiones del cuadro.

no se la recomiendo	nos trae el menú	tráiganos la cuenta
se les ofrece algo más	chuleta de cerdo	el plato del día
que nos recomienda	puede traer dos	aguada
qué tal está	en un momento	

MODELO —Bienvenidos al Café Estrella.   —Hola. Buenas noches.

—(1) ¿___Nos trae el menú___, por favor?

—Sí, (2)___en un momento___ se lo traigo.

—(3)¿___Qué nos recomienda___ para comer?

—(4)___El plato del día___ está muy rico.

—Es (5)___chuleta de cerdo___.

—Mmm, qué rico, ¿nos (6)___puede traer dos___, por favor?

—Cómo no. (7)___¿Se les ofrece algo más?___

—Sí. (8)___¿Qué tal está___ la sopa de ajo?

—(9)___No se la recomiendo___, está muy (10)___aguada___.

—Entonces nada más. (11)___Tráiganos la cuenta___, por favor.

74

CAPÍTULO
7

**VOCABULARIO 1**

4 María Luisa y su familia cenan en un restaurante y se preguntan unos a otros cómo está la comida. Contesta las preguntas usando las palabras en paréntesis.

MODELO —¿Qué tal está el gazpacho? (estar exquisito)   **Answers will vary.**
        —¡Está exquisito!   **Possible answers:**

1. ¿Probaste el bistec encebollado? (estar quemado)
   Sí, está quemado.

2. ¿Qué tal está la chuleta de cerdo? (recomendar / estar en su punto)
   Te la recomiendo, está en su punto.

3. ¿Probaste la ensalada mixta? (faltar sabor)
   Le falta sabor.

4. ¿Qué tal está la sopa de fideos? (no recomendar / estar echada a perder)
   No te la recomiendo, está echada a perder.

5. ¿Probaste el flan de vainilla? (recomendar / estar exquisito)
   Te lo recomiendo, está exquisito.

6. ¿Qué tal están las fresas con crema? (no recomendar / faltar)
   No te las recomiendo, les falta no sé qué.

5 Alberto está escuchando una conversación en un restaurante. Escribe al lado de cada oración si lo que escucha lo dice el mesero o el cliente.

1. ¿Me trae el menú, por favor? ____**cliente**____

2. ¿Qué me recomienda? ____**cliente**____

3. El plato del día es pollo asado. ____**mesero**____

4. ¿Me trae la sopa, por favor? ____**cliente**____

5. ¿Se le ofrece algo más? ____**mesero**____

6. Se lo recomiendo, está muy sabroso. ____**cliente**____

7. Tráigame la cuenta, por favor. ____**cliente**____

8. Cómo no, enseguida se la traigo. ____**mesero**____

75

¡Buen provecho!

Double object pronouns

- The **verbs recomendar, dejar, pedir, servir, traer, llevar** and **dar** can have a **direct object** and an **indirect object**.

  Mi tío **les** pidió (a mis primos) dos ensaladas mixtas.
  *My uncle ordered two mixed salads **for my cousins**.*

- The **indirect object** pronoun always comes first when using it together with a **direct object pronoun.** Change **le/les** to **se** when used with **lo/la/los/las**.

  —¿**Le** pediste el pollo?   *Did you order the chicken **from him?***
  —Sí, ya **se lo** pedí.   *Yes, I ordered **it from him**.*

- When you use two object pronouns together, the **direct object pronoun** will usually be **lo, la, los,** or **las**.

  Queremos ver el menú. Por favor, tráiga**noslo**.
  *We want to see the menu. Please, bring **it to us**.*

---

6 El restaurante donde trabaja Josefina está lleno y hay mucho trabajo. Contesta las preguntas usando el verbo en paréntesis, un pronombre de complemento directo y un pronombre de complemento indirecto.

MODELO ¿Me puede traer el menú?
Sí, **se lo traigo** enseguida. (traer)

1. ¿Nos trae el menú?

   Sí, en un momento ____se lo traigo____. (traer)

2. Quiero una sopa de ajo, por favor.

   Ahora ____se la sirvo____. (servir)

3. Quiero la cuenta, por favor. ¿Puedes ____traérmela____? (traer)

4. Alfredo, pídele dos bistecs a la parrilla a la mesera.

   Sí, ya ____se los pedí____. (pedir)

5. ¿Hay que dejar propina para la mesera?

   Sí, debes ____dejársela____ sobre la mesa. (dejar)

6. Josefina, ¿me recomiendas de postre las fresas con crema?

   Sí, ____te las recomiendo____. (recomendar)

GRAMÁTICA 1

Commands with double object pronouns

- For an affirmative command, attach the **object** or **reflexive pronoun** to the verb, and for a negative command place pronouns just before the verb.

    —Óscar, sírvete primero la sopa.   *Oscar, serve **yourself** the soup first.*
    —Si no quieres postre,   *If you don't want dessert,*
      no **lo** sirvas.   *don't serve **it**.*

- You can use an **indirect object pronoun** followed by a **direct object** pronoun in commands.

    —¿Quieres sopa?   *Do you want soup?*
    —Sí, píde**mela** por favor.   *Yes, order **it for me** please.*

- When a **reflexive pronoun** is used together with a **direct object,** the reflexive acts like an **indirect object.**

    —Ana, llévate la sopa a   *Ana, carry the soup with you to*
      la mesa.   *the table.*
    —Está muy caliente.   *It's very hot.*
    —Lléva**tela** con cuidado.   *Carry **it with you** carefully.*

---

7 Alfredo es el nuevo mesero en el restaurante Alhambra y tiene muchas preguntas. Completa la conversación de Alfredo y el jefe del restaurante. Usa mandatos con pronombres de complemento directo e indirecto.

MODELO —¿Debo decir el plato del día a los clientes?
          —Sí, díselo.

1. ¿Tengo que ofrecerles unas bebidas para tomar?
   Sí, ofréceselas.

2. ¿Me llevo la lista de platos del día?
   Sí, llévatela.

3. ¿Debo traerles la ensalada antes del plato principal?
   No, no se la traigas.

4. ¿Les traigo la cuenta cuando todavía están comiendo?
   No, no se la traigas.

5. ¿Les pido la propina?
   No, no se la pidas.

---

(77)

Adverbs

- Adverbs can modify verbs, adjectives, or other adverbs. They often tell *how, how much, how often, how well*, or *when* someone does something.

a menudo	igualmente	nunca
a tiempo	luego	peor
a veces	mal	poco
ayer	más	siempre
bien	mejor	tarde
casi	menos	temprano
después	mucho	todavía (no)
entonces	muy	ya

- Many adverbs that end in **-ly** in English end in **-mente** in Spanish.

  sola → **solamente**   nerviosa → **nerviosamente**
  fácil → **fácilmente**   amable → **amablemente**

  **inmediatamente   generalmente   furiosamente   tranquilamente
  rápidamente   lentamente   afortunadamente   típicamente**

- If an adjective has an accent mark, keep it after adding **-mente: rápidamente.**

8 Marcos tiene un restaurante pequeño y te escribe una carta para contarte lo que hace. Complétala con los adverbios correctos del cuadro arriba. **Answers will vary.**

Hola, te escribo para hablarte de mi restaurante. ___Típicamente___ vary.
después de hacer las compras, abro el restaurante y ___después___
hablo con el cocinero. Él ___inmediatamente___ me dice cuál va a ser el plato
del día y qué va a cocinar. ___Entonces___, llegan los meseros.
___Casi siempre___ limpian y arreglan las mesas cuando llegan.
___Generalmente___ empiezan a llegar clientes a las once. Muchos leen el
menú ___tranquilamente___ y me preguntan qué les recomiendo.
___Afortunadamente___ muchos clientes piden la especialidad del día. Muchos
clientes tienen que regresar al trabajo en media hora, por eso, nosotros tratamos
de llevarles su comida ___rápidamente___.

9 Explica qué haces cuando vas a un restaurante. Completa las oraciones.

1. Siempre ___Answers will vary._____.

2. Nunca _____.

3. Típicamente _____.

(78)

Nombre _____ Clase _____ Fecha _____

¡Buen provecho!

CAPÍTULO
7

VOCABULARIO 2

10 Completa las oraciones con una palabra apropiada del cuadro según el contexto.

recetas	picar	cebolla	ají
picado	ingredientes	cucharada	especias

1. Mi mamá tiene las mejores _____recetas_____ para hacer dulces.
2. Normalmente lloro cuando pico una _____cebolla_____.
3. La receta dice que debo añadir una _____cucharada_____ de aceite.
4. A mi hermana le encanta poner muchas _____especias_____ en la comida.
5. A mí sólo me gusta echarle _____ají_____ a la comida.
6. Mi mamá dice que es mejor _____picar_____ el ajo antes de echarlo.
7. Yo creo que el ajo _____picado_____ no está tan rico como en trozos.
8. Una receta normalmente tiene una lista de _____ingredientes_____.

11 Escuchas las siguientes conversaciones en un restaurante a la hora de comer. Escribe la letra de la oración del cuadro a la derecha que sigue cada oración o pregunta de la izquierda.

__b__ 1. ¿Qué lleva la sopa? Sabe a cebolla.
__d__ 2. ¿Llevas una dieta balanceada?
__a__ 3. ¿Eres vegetariano?
__e__ 4. Le echo mucho sal a la comida.
__c__ 5. ¿Cómo se prepara la sopa de fideos?

a. No. Como carne y pollo.
b. Le eché solamente una cebolla.
c. Se los hierva en caldo de pollo.
d. No. Como mucho comida rápida.
e. Cuidado. Es malo para la salud.

Holt Spanish 2

Cuaderno de vocabulario y gramática

Copyright © by Holt, Rinehart and Winston. All rights reserved.

CAPÍTULO
7

VOCABULARIO 2

12 Empareja cada palabra con su significado *(meaning)*, escribiendo la letra de cada palabra junto a la oración más apropiada, según el contexto.

___b___ **1.** Demasiado frío.

___e___ **2.** Cuando algo se calienta mucho y cambia de forma.

___a___ **3.** Cocinar con aceite.

___f___ **4.** Que no está cocido.

___d___ **5.** Cocinar en agua.

___c___ **6.** Cocinar en el horno.

___h___ **7.** Poner algo más.

___g___ **8.** Que no está crudo.

a. freír
b. congelado
c. hornear
d. hervir
e. derretir
f. crudo
g. cocido
h. añadir

13 Alma va a ver al médico, y él le hace algunas preguntas sobre su dieta. Completa la conversación con las palabras del cuadro.

frutas frescas	grasa	mayonesa y mostaza	dieta	sal o azúcar
comida rápida	vitaminas	vegetales crudos	nutritivas	

MODELO —¿Llevas una __dieta__ balanceada?

—Bueno, más o menos. Muchas veces no tengo tiempo para cocinar y compro **(1)**__comida rápida__; sé que tiene mucha

(2)__grasa__.

—Pero, ¿tratas de añadir algunos **(3)**__vegetales crudos__ y algunas

(4)__frutas frescas__ a tu dieta?

—Sí claro, pero no siempre me gustan. Mi mamá dice que debo comer cosas

(5)__nutritivas__.

—¿Le echas mucha **(6)**__sal o azúcar__ a la comida?

—Sí, me gusta mucho la sal. Frecuentemente también les pongo

(7)__mayonesa y mostaza__ a algunas comidas.

—¿Qué te parece si para cambiar poco a poco tu dieta, comes menos grasa y

tomas algunas **(8)**__vitaminas__?

—Está bien, doctor. Gracias.

VOCABULARIO 2

14 Roberto y Valeria están en la clase de cocina. Escoge la palabra en paréntesis que mejor completa las oraciones.

MODELO ¿Qué lleva el ___bistec___ (bistec / plátano) encebollado?

—Lleva pocos (1)___ingredientes___ (tostados / ingredientes): una

(2)___cebolla___ (fresa / cebolla) picada, una cucharadita de sal,

pimienta y aceite.

—Y ¿cómo se prepara?

—Es muy fácil. Se le añade sal y (3)___pimienta___ (pimienta /

huevos) al gusto. Se (4)___fríe___ (añade / fríe) en aceite bien

caliente junto con las cebollas y se sirve.

—¿Y qué lleva la ensalada? (5)___Sabe___ (Cubre / Sabe) a

especias.

—Sí, le eché (6)___mostaza___ (mostaza / cucharadita), ajo y un ají

seco. Además lleva vegetales (7)___crudos___ (tostados / crudos),

huevo (8)___cocido___ (cocido / congelado) y atún.

—El flan que hiciste huele a (9)___vainilla___ (vainilla / ajo). ¡Y se

ve muy rico!

—Gracias. Lleva sólo una (10)___cucharada___ (trozo / cucharada) de

azúcar.

15 Pon en orden esta receta para tortilla española, usando las letras **a, b, c, d** y **e.**
Empieza con **a.**

___e___ **1.** Se echa más sal al gusto. Se sirve caliente.

___b___ **2.** Se fríen las papas en aceite y después de diez minutos, más o menos, se les añade la cebolla y se termina de freír. Se echa una cucharada de sal.

___d___ **3.** Se cocina todo en la estufa cuatro o cinco minutos por cada lado.

___c___ **4.** En un plato hondo se mezclan bien los huevos. Se saca las papas y las cebollas fritas y se mezclan con los huevos en el plato hondo.

___a___ **5.** Se cortan las papas en trozos muy pequeños. Se pica la cebolla.

¡Buen provecho!

More uses of the imperfect

• Use the imperfect *to set the scene.* Use the conjunction **mientras** to join two things that happened at the same time.

  Los meseros **servían mientras** otras personas **esperaban.**

• Use the imperfect after the preterite of **decir** with **que** to say *what someone said.*

  El pollo no **tiene** sal. El cliente **dijo** que el pollo no **tenía** sal.

---

16 Sergio está contando cómo celebró su cumpleaños hace dos años. Completa lo que dice con verbos apropiados del cuadro. Usa el imperfecto.

tener	ser	celebrar	cerrar	ir	estar	saber	leer

Bueno, (1)_____ era _____ un sábado por la noche. Mis amigos y yo

(2)__ estábamos __ en mi casa y no (3)__ teníamos __ ni idea de lo que

(4)__ íbamos __ a hacer. Yo (5)___ leía ___ una revista mientras un amigo

mío buscaba ideas en Internet. Entonces, él vio el anuncio de un restaurante

nuevo. Hablamos un rato pero no (6)__ sabíamos __ si ir o no. Entonces miramos

la hora. El restaurante (7)__ cerraba __ a las nueve... ¡y ya eran las once!

17 Ángela y María prepararon una comida para sus amigos. Escribe qué dijeron sus amigos durante la comida.

MODELO El flan está bueno. (Raúl) <u>Raúl dijo que el flan estaba bueno.</u>

1. La ensalada no sabe a aceite de oliva. (la profesora)
   La profesora dijo que la ensalada no sabía a aceite de oliva.

2. Las fresas con crema están congeladas. (Carla y Felipe)
   Carla y Felipe dijeron que las fresas con crema estaban congeladas

3. Esta tortilla se prepara con mucha cebolla. (Ellos)
   Ellos dijeron que esta tortilla se preparaba con mucha cebolla.

4. El gazpacho es la especialidad de María. (Ángela)
   Ángela dijo que el gazpacho era la especialidad de María.

> **The imperfect**
>
> Use the imperfect to:
>
> • set the scene and tell the circumstances surrounding an event.
>
>   **Era** domingo y mis hermanas **celebraban** una fiesta. Todos se **divertían.**
>
> • talk about what people were like, how they used to feel, what they used to like and dislike.
>
>   Antes no **nos gustaba salir** a restaurantes, siempre **comíamos** en casa.
>
> • contrast past routines or situations with the present.
>
>   Antes no **salíamos** a restaurantes, ahora **vamos** todos los domingos.

18 Mira el dibujo de las personas en el restaurante. Completa las oraciones con verbos en el imperfecto. **Answers will vary. Possible answers:**

MODELO Era un viernes al mediodía.

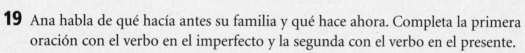

1. Tres amigos _____comían_____ en un restaurante.

2. _____Estaban_____ muy contentos.

3. Mientras les _____recomendaban_____ la comida, ellos _____conversaban_____ tranquilamente.

4. Cuando ya se _____iban_____, le pidieron la cuenta al mesero.

19 Ana habla de qué hacía antes su familia y qué hace ahora. Completa la primera oración con el verbo en el imperfecto y la segunda con el verbo en el presente.

MODELO abuela usar especias / casi no   **Answers will vary. Possible answers:**
          La abuela usaba muchas especias. Ahora casi no las usa.

1. preferir freír comida / hornear
   Mi mamá ___prefería freír la comida___. Ahora ___prefiere hornearla___.

2. comer comida rápida / comer menos
   De niña, ___comía comida rápida___. Ahora ___la como menos___.

3. probar verduras / ser vegetariano
   Mi primo no ___probaba las verduras___. Ahora ___es vegetariano___.

4. echar mucha sal / echar poca
   Yo ___le echaba mucha sal___ a la comida. Ahora ___le echo poca___.

83

GRAMÁTICA 2

Past participles used as adjectives
- To form past participles use **-ado** with **-ar** verbs and **-ido** with **-er** or **-ir** verbs.

    Este pollo está **horneado.**   *The chicken is **baked.***

- Many adjectives that describe how food is cooked or prepared are past participles. **Freír** y **revolver** have irregular past participles.

    asado(a)   hervido(a)   congelado(a)   quemado(a)

    balanceado(a)   horneado(a)   derretido(a)   revuelto(a)

    cocido(a)   picado(a)   frito(a)   tostado(a)

- Past participles used as adjectives must match the noun in number and gender.

    El **pollo asado** es nutritivo.   ***Baked chicken** is nutritious.*

---

20 Completa cada oracíon con un participio pasado apropiado. **Answers will vary. Possible answers:**

   MODELO Es fácil preparar el pollo <u>asado</u>.

1. Nescitas un cuchillo para preparar ajos <u>picados</u>.
2. Con una hamburguesa, normalmente se comen papas <u>fritas</u>.
3. Si no tienes verduras frescas, puedes comprar verduras <u>congeladas</u>.
4. Con muchos tipos de mariscos, a mucha gente le gusta mantequilla <u>derretida</u>.
5. El pastel todavía no está <u>horneado</u>.
6. Con los huevos revueltos, me gusta el pan <u>tostado</u>.
7. Las chuletas son terribles. Están <u>echadas a perder</u>.
8. ¿Cuánto agua echaste a la sopa. Está muy <u>aguada</u>.
9. Me quemé con agua <u>hervida</u>.

21 Contesta las siguientes preguntas usando los participios pasados de verbos apropiados. **Answers will vary. Possible answers:**

1. ¿Puedo comer estas chuletas?

   No, no cómelas. Están echadas a perder.

2. ¿Ya has preparado el pollo?

   Sí, ya está asado.

3. ¿Cómo te gustan los huevos?

   Me gustan los huevos revueltos.

4. ¿Añades la cebolla entera *(whole)* a la sopa?

   No. Añado la cebolla picada.

Tiendas y puestos

1 Estos jóvenes van de compras. Mira los dibujos y completa las oraciones.

MODELO Necesito unas <u>corbatas</u> para mi traje nuevo.

1. Los ____guantes____ de cuero me quedan anchos.

2. En las ____etiquetas____ de esta ropa está el descuento.

3. Este ____traje____ negro es muy elegante.

4. El ____cinturón____ que compré es largo.

5. Esta ____bufanda____ hace juego con mi abrigo.

6. El ____cajero____ de la tienda tiene mucho trabajo.

2 Trabajas en una tienda de ropa. Escoge la palabra en paréntesis para completar lo que dicen los clientes.

1. No iba a comprar tres faldas, pero me dieron ____un descuento____ (un descuento / un espejo).

2. Los pantalones son muy grandes. Me quedan ____flojos____ (apretados / flojos).

3. ¿Quieres ____probarte____ (probarte / regatear) este vestido?

4. Quería comprar unos zapatos, pero no había en mi ____número____ (juego / número).

VOCABULARIO 1

3 Completa el crucigrama *(crossword puzzle)* usando las pistas *(clues)* de abajo.

HORIZONTAL

2. La ropa de mi hermana mayor me queda...

6. El cinturón es pequeño, me queda...

VERTICAL

1. No pude comprar la cesta porque no estaba... (2 palabras)

3. Es la última venta, cierran mañana, es una venta de...

4. Si la ropa está en oferta, es porque tiene...

5. Para ver como me queda la ropa, voy al...

```
[1]E        [2]F L [3]O J A
   N        [4]D   I
   V           E   Q
   E           S   U         [5]P
   N           C   I           R
   T           U   D           R
[6]A P R E T A D O
   N           C   B
   T           I   A
   O           O   D
               N   O
                   R
```

4 Dos amigas están en el probador de ropa. Contesta las preguntas con oraciones completas y las formas correctas de las palabras en paréntesis.

MODELO —¿Cómo te quedan los jeans? (flojo) **Me quedan muy flojos.**

1. —¿Cómo me veo con esta minifalda? (guapísimo / color bonito)
Te ves guapísima. El color está bonito.

2. —¿Cómo te queda el cinturón? (quedar bien / no hacer juego / zapatos)
Me queda bien, pero no hace juego con mis zapatos.

3. —¿Qué te parece este traje? (elegante / estar en oferta)
Me parece muy elegante y está en oferta.

4. —¿Cómo me queda el vestido rojo? (no sentar bien)
De verdad, no te sienta bien.

5. —¿Cómo me veo con esta blusa? (no verse bien / quedar apretado)
No te ves bien, te queda muy apretada.

86

VOCABULARIO 1

5 Hay varias personas en la tienda de ropa. Escoge la palabra en paréntesis que mejor completa lo que dice cada persona.

MODELO Compré dos cinturones porque estaban en <u>oferta.</u> (oferta / precio)

1. Voy a _____ **cambiar** _____ esta blusa por una blusa de talla más pequeña. (regatear / cambiar)

2. En la _____ **etiqueta** _____ de esta corbata dice $10. (etiqueta / venta)

3. _____ **La cajera** _____ dice que la próxima semana hay descuentos. (la cajera / el recibo)

4. Disculpe, ¿qué cajas están _____ **cobrando** _____? (probando / cobrando)

5. Después de pagar la ropa, el cajero me dio un _____ **recibo** _____. (impuesto / recibo)

6. En esta tienda no bajan los precios. No se puede _____ **regatear** _____. (regatear / cobrar)

6 Rosa y Leona hablan de la última vez que fueron de compras. Pon en orden su conversación, usando las letras **a, b, c, d, e, f** y **g**. Empieza con **a**.

___**g**___ 1. Sí, todo estaba en oferta.

___**a**___ 2. Rosa, ¿encontraste los jeans que buscabas?

___**d**___ 3. Sí, y estaba en oferta. La compré. ¿Y tú? ¿Compraste algo?

___**b**___ 4. Sí, pero no había en mi número. Me probé una falda.

___**e**___ 5. Pues, sí. Había una venta de liquidación en la Tienda Maxine.

___**c**___ 6. ¿Te quedaba bien?

___**f**___ 7. Entonces, viste muchos descuentos, ¿no?

Tiendas y puestos

Imperfect and preterite: Saying what was in progress

- The imperfect and the preterite are used when talking about the past. You can use them together.

- The imperfect is used when talking about situations, what things were like, or what was going on. It does not tell you when an event began or ended.

  La falda **me quedaba** apretada.   *The skirt **was tight** on me.*

- The preterite is used with the imperfect to talk about an event that began or ended while something else was going on.

  Tú **mirabas** la vitrina cuando **pasé** junto a ti.
  *You **were looking** in the shop window when I **passed** by you.*

---

7 Raquel fue de compras el sábado. Completa las oraciones con los verbos entre paréntesis en el pretérito o en el imperfecto.

MODELO Raquel <u>oyó</u> (oír) que <u>había</u> (haber) muchos descuentos en la tienda.

1. Ella ___**necesitaba**___ (necesitar) comprar ropa y por eso ___**fue**___ (ir) de compras el sábado por la tarde.

2. Ella ___**vio**___ (ver) que las faldas ___**estaban**___ (estar) en oferta.

3. Ella ___**escogió**___ (escoger) dos pantalones y una falda mientras ___**hacía**___ (hacer) cola en el probador.

4. Mientras se ___**probaba**___ (probar) la ropa, ___**vio**___ (ver) a su amiga Olivia.

5. Raquel le ___**preguntó**___ (preguntar) cómo le ___**quedaba**___ (quedar) la ropa.

6. Olivia le ___**dijo**___ (decir) que le ___**sentaba**___ (sentar) muy bien.

7. Las amigas ___**hablaban**___ (hablar) cuando Raquel ___**pagó**___ (pagar) la ropa.

8. Olivia ___**compró**___ (comprar) una falda mientras Raquel ___**esperaba**___ (esperar).

9. Ellas ___**caminaban**___ (caminar) por el centro comercial cuando me ___**vieron**___ (ver) a mí.

10. Como nosotras ___**teníamos**___ (tener) hambre, ___**decidimos**___ (decidir) comer allí.

Nombre _____ Clase _____ Fecha _____

GRAMÁTICA 1

CAPÍTULO

8

Using *ir a* + infinitive with the imperfect and preterite

- To say what someone was going to do or what was going to happen, use **ir** in the imperfect + **a** followed by an infinitive.

   Yo **iba a ver** el precio...   *I **was going to look** at the price...*

- Use another verb in the preterite to complete sentences such as the one above.

   Yo iba a ver el precio pero **se cayó** la etiqueta.
   *I was going to look at the price, but the price tag **fell**.*

- Use the imperfect to give more background information.

   Íbamos a ir de compras, pero **estaban cerradas** las tiendas.
   *We were going to go shopping, but all of the stores **were closed**.*

---

8 Estos jóvenes dicen por qué no pudieron hacer lo que planearon *(planned)*. Empareja cada frase de la columna de la izquierda con la frase correspondiente en la columna de la derecha.

__f__ 1. El domingo pasado, mi hermana y yo íbamos a ir de compras

__d__ 2. Fernando y Juan iban a comprar zapatos

__a__ 3. Nosotras íbamos a cambiar unas blusas

__c__ 4. Yo no iba a comprar nada

__b__ 5. Tú ibas a regatear en el mercado

__e__ 6. Rodrigo iba a ver el precio de la corbata

a. pero perdimos el recibo.
b. pero el mercado estaba cerrado.
c. pero encontré una venta de liquidación.
d. pero no les gustó ninguno.
e. pero el cajero cortó la etiqueta.
f. pero ella se sintió mal.

9 Tu mamá te está preguntando por qué no hiciste varias cosas. Contesta sus preguntas.

1. ¿Por qué no fuiste al mercado?
   Iba a ir pero no me diste las llaves del carro.

2. ¿Por qué no te probaste el traje?
   Iba a probármelo, pero no pude encontrar los probadores.

3. ¿Por qué no pagaste con el dinero que recibiste para el cumpleaños?
   Iba a pagar con ese dinero, pero todo costó demasiado.

4. ¿Por qué no comiste el pollo que estaba en el refrigerador?
   Iba a comerlo, pero fui a un restaurante con mis amigos para comer.

GRAMÁTICA 1

Comparatives and superlatives

- When comparing actions that are not equal, use **más** + **(adverb)** + **que** or **menos** + **(adverb)** + **que**.

  Ahora voy de compras **menos frecuentemente que** antes.
  *Now I go shopping **less frequently than** before.*

- When comparing actions that are equal, use **tan** + **adverb** + **como**.

  Esa tienda cobra **tan poco como** ésta.   *That store charges **as little as** this one.*

- Use the following formula for the superlative:

  el / la / los / las + **(noun)** + **más / menos** + **(adjective)**
  Quiero comprar **las corbatas más baratas** de la tienda.
  *I want to buy **the cheapest ties** in the store.*

- When you need to say *the best, the worst, the oldest,* or *the youngest,* use the following formula:

  el / la / los / las + **mejor(es) / peor(es) / mayor(es) / menor(es)** + **(noun)** + **de**
  Esa tienda tiene **los mayores descuentos de** la zona.
  *That store has **the best discounts in** the area.*

- To say that something is extremely good, bad, or interesting, add the ending **-ísimo / a / os / as** to the adjective.

  Esta falda me queda apretad**ísima**.   *This skirt is **very tight** on me.*

---

10 Carlos y sus hermanos fueron de compras este fin de semana. Completa las oraciones con una expresión apropiada.

MODELO El centro comercial es pequeño y no tiene muchas tiendas. El centro comercial es el <u>peor</u> (mejor / peor) de la ciudad.

1. Raúl y Lorena escogieron ropa bonita. Lorena sabe escoger ropa
   ___**tan bien como**___ (tan bien como / tan mal como / tan como) Raúl.

2. La tienda "Maribel" tiene cosas bonitas y a buen precio. Es la
   ___**mejor**___ (peor / mejor / mayor) tienda del centro comercial.

3. Carlos terminó sus compras antes que Raúl. Carlos compró
   ___**más rápidamente que**___ (más lento que / más rápidamente que / más rápido que) Raúl.

4. La zapatería "Rojas" tiene zapatos muy lindos. Sus zapatos son
   ___**lindísimos**___ (lindísimos / menos lindos / más lindos).

Cuaderno de vocabulario y gramática

Tiendas y puestos

En el mercado al aire libre...

11 En los mercados al aire libre se pueden encontrar muchas cosas diferentes. Luz y Juan están en el mercado. Completa lo que dicen.

____a____ 1. Mira esas ____. Hacen juego con mi vestido de gala.
      a. joyas   **b.** hamacas   **c.** máscaras

____c____ 2. Pero son joyas de plata, ¿no te gustan más las joyas de ___?
      a. plástico   **b.** paja   **c.** oro

____c____ 3. Vamos a otro ____. Quiero ver adornos.
      a. mantel   **b.** regalo   **c.** puesto

____c____ 4. Estas figuras no están hechas en una fábrica. Están ____.
      a. bordadas   **b.** de vidrio   **c.** hechas a mano

____b____ 5. Esa ____ se va a ver bien en la pared de la sala.
      a. cadena   **b.** pintura   **c.** hamaca

____b____ 6. La ____ de este lugar se hace con barro.
      a. hamaca   **b.** cerámica   **c.** cadenas

12 Lee lo que escribe Vanesa sobre su viaje al mercado al aire libre. Lee las frases abajo y decide si son **ciertas** o **falsas**.

Esta mañana fui a un mercado de artesanía de Santiago. ¡Fue increíble! Había muchos puestos y mucha gente allí. Buscaba un collar para mi hermana, pero cuando pasó un puesto donde había manteles bonitos, decidí entrar. Me gustó un mantel bordado y le pregunté a la dependiente el precio. Ella me dijo que costaba 20.000 pesos. Cuando le dije que tenía solamente 18.000 pesos, ella empezó a regatear. ¡Después de dos minutos de conversación, ella me dio un descuento de 6.000 pesos! Caminé por el mercado, buscando el regalo para mi hermana. Y allí en el último puesto, estaba la cosa perfecta: un collar de plata que estaba en oferta. ¡Lo compré por 3.000 pesos, así que salí del mercado con un poco de dinero!

____cierto____ 1. Vanesa fue al mercado hoy.

____cierto____ 2. Había muchas personas en el mercado.

____falso____ 3. La vendedora no quería regatear.

____falso____ 4. Ella encontró el regalo para su hermana antes de comprar el mantel.

____cierto____ 5. Vanesa salió del mercado con 1.000 pesos.

VOCABULARIO 2

13 Completa el crucigrama *(crossword puzzle)* usando las pistas *(clues)* de abajo.

HORIZONTAL

2. Las paredes pueden ser de...

6. Las cestas pueden ser de...

7. Las chaquetas pueden ser de...

8. Los adornos pueden ser de...

VERTICAL

1. Los platos hondos pueden ser de...

2. Los juguetes pueden ser de...

3. Los manteles pueden ser de...

4. Los collares pueden ser de...

5. Las figuras talladas pueden ser de...

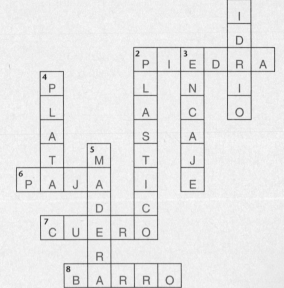

14 Una señora y un vendedor regatean en el mercado. Empareja cada frase de la columna de la izquierda con la frase correspondiente en la columna de la derecha.

_d_ **1.** Perdón señora,

_f_ **2.** Estoy buscando

_h_ **3.** Tenemos un gran

_e_ **4.** Me gustan mucho

_b_ **5.** ¿Cuánto

_c_ **6.** Si compra las tres,

_g_ **7.** ¿Cuánto me puede

_a_ **8.** Cien pesos.

a. Es mi última oferta.
b. valen?
c. le puedo dar un precio especial.
d. ¿en qué le puedo servir?
e. estas cadenas de plata.
f. un regalo para una amiga.
g. rebajar el precio?
h. surtido de artículos.

VOCABULARIO 2

15 Carolina y Omar están en el mercado del pueblo buscando algunos regalos para llevar a casa. Completa las conversaciones con las expresiones del cuadro.

última oferta	mantel bordado	rebajar el precio	cuánto vale
adorno de cerámica	se las dejo	está en venta	pintura
platos hondos	gran surtido	un precio especial	

MODELO Quiero comprar una ___pintura___ de vidrio para mi abuela.

—Yo quiero un (1)___adorno de cerámica___ para mi mamá.

—Mire, tenemos un (2)___gran surtido___.

—(3) ¿___Cuánto vale___ este adorno rojo?

—Si compra dos, le voy a dar (4)___un precio especial___.

(5)___Se los dejo___ en veinte mil pesos.

—¿Cuánto vale ese (6)___mantel bordado___ con encaje?

—Lo siento, no (7)___está en venta___.

—¿Me puede (8)___rebajar el precio___ de este pantalón de cuero?

—Bueno, se lo regalo por treinta mil pesos, pero es mi (9)___última oferta___.

16 Imagina que estás en un mercado al aire libre con un amigo. Pregúntale su opinión sobre artículos diferentes. Completa las conversaciones con el vocabulario de esta sección. Sigue el modelo. **Answers will vary. Possible answers:**

MODELO —¿Cuál prefieres, esta cesta de paja o la de plástico?

—Francamente, prefiero la de paja.

1. —¿Cuál te gusta más, este ___collar de plata o el de plástico___?

—Me gusta más ___el de plata___.

2. —¿Cuáles prefieres, estos ___manteles bordados o los de encaje___?

—Prefiero ___los bordados___.

3. —¿Cuáles te gustan más, estas ___máscaras azules o las rojas___?

—Me gustan más ___las rojas___.

4. —¿Cuál prefieres, esta ___pintura pequeña o la grande___?

—Francamente, prefiero ___la pequeña___.

Tiendas y puestos

Por and *para*

- Uses and meanings of **por:**

  - all over, throughout, along or in a general area;
    Pasamos **por** el parque.   *We walked **through** the park.*
  - for or during a period of time;
    Bailé **por** cuatro horas.   *I danced **for** four hours.*
  - *for* in the sense of because of or due to something;
    Gracias **por** comprar los aretes.   *Thanks **for** buying the earrings.*
  - (in exchange) for when exchanging or buying something;
    Compré esta falda **por** $10.   *I bought this skirt **for** $10.*
  - through something or by something;
    Tengo que salir **por** aquí.   *I have to leave **through** here.*

- Uses and meanings of **para:**

  - to or towards a place;
    Esta calle va **para** la estación.   *This street goes **towards** the station.*
  - for to indicate a goal or purpose;
    Compré zapatos **para** jugar al tenis.   *I bought shoes **to** play tennis.*
  - to or for a person or thing;
    Este collar es **para** ti.   *This necklace is **for** you.*

---

17 Completa cada oración con **por** o **para.**

MODELO Fui <u>por</u> el mercado <u>para</u> comprar una hamaca.

1. ¿_____**Para**_____ qué necesitas el carro? Yo voy _____**por**_____ ti.

2. Cambié el collar que compré _____**por**_____ doscientos pesos _____**por**_____
   unos aretes de plata.

3. ¿Vamos bien _____**para**_____ el mercado "Malibrán"? Nos dijeron que estaba
   _____**por**_____ aquí.

4. Ya tengo mi vestido _____**para**_____ la fiesta de mañana, me falta pasar
   _____**por**_____ los zapatos.

5. Gracias _____**por**_____ el mantel; es perfecto _____**para**_____ mi mesa.

6. Vamos _____**para**_____ el cine a ver películas _____**por**_____ cuatro horas.

7. Este regalo es _____**para**_____ mi hermano.

8. Siempre entramos a la casa _____**por**_____ la puerta en el garaje.

GRAMÁTICA 2

Demonstrative adjectives; adverbs of place
Aquel and *aquí/acá, allí/allá*

- To talk about a person or thing that is far away from the speaker, use **aquel.**

	that	those	that *(farther away)*	those *(farther away)*
masculine	ese	esos	aquel	aquellos
feminine	esa	esas	aquella	aquellas

    —¿Quieres ver los adornos?   *Do you want to see the decorations?*
    —¿Los de ese puesto?   *The ones from that stand?*
    —No, los de aquel puesto.   *No, the ones from that stand over there.*

- **Aquel** is also used to refer to the distant past.

    En aquellos días, los mercados eran muy importantes.
    In those days, markets were very important.

- The adverbs **aquí/acá** and **allí/allá** are also used to say where someone or something is. **Aquí** and **allí** are used to point out an exact place.

    ¡Párate **aquí**!   *Stop here!*
    Yo viví en Argentina. **Allí** se come mucha carne.
    *I lived in Argentina. They eat a lot of meat **there.***

---

18 Luis y su papá están en el mercado donde hay muchas cosas que ver. Escribe oraciones con las palabras abajo. Usa los adjetivos demostrativos apropiados. Sigue el modelo.

    MODELO mercado / cosas de cerámica (lejos)
                 En ese mercado hay cosas de cerámica.

    1. puestos / figuras talladas (muy lejos)
        En aquellos puestos venden figuras talladas.

    2. cestas / hechas a mano (lejos)
        Esas cestas son hechas a mano.

    3. venden joyería / tienda (muy lejos)
        Venden joyería de plata en aquella tienda.

    4. vitirina / collares (muy lejos)
        En aquella vitrina hay muchos collares.

    5. ropa de cuero / tienda (lejos)
        Tienen ropa de cuero en esa tienda.

    6. hamacas / cómodas (muy lejos)
        Aquellas hamacas parecen muy cómodas.

GRAMÁTICA 2

Adjectives as nouns

• Instead of repeating a noun, use an article followed by an adjective phrase.

—¿Compraste los aretes de plata?　　*Did you buy the silver earrings?*
—No, compré **los de oro.**　　　　　*No, I bought **the gold ones.***
—Esta cerámica es la más bonita.　　*This pottery is the prettiest.*

• Use a demonstrative adjective with an accent mark (**éste, ése, aquél**) to avoid repeating a noun.

—Esta cesta es más bonita que **aquélla.**
—*This basket is prettier than **that one.***
—Sí, porque **ésta** es tejida a mano.
—*Yes, because **this one** is woven by hand.*

---

19 Completa las siguientes oraciones. Escoge la palabra correcta.

> **MODELO** Este collar es más largo que <u>aquél</u>.　　**a.** aquel　　**b.** aquél　　**c.** ese

_a_　　1. Esta pintura tiene vidrio. ___ de allí no.
　　　　　　a. Aquélla　　　　**b.** Esa　　　　　　**c.** Aquella

_b_　　2. Estos manteles están bordados. ___ que están muy lejos no.
　　　　　　a. Aquellos　　　**b.** Aquéllos　　　**c.** Esos

_b_　　3. Es cierto, ___ que tengo aquí sí están bordados.
　　　　　　a. esos　　　　　**b.** éstos　　　　　　**c.** aquéllos

_c_　　4. Estas joyas cuestan más que ___ de allí enfrente.
　　　　　　a. esas　　　　　**b.** aquellas　　　　**c.** aquéllas

_b_　　5. Sí, ___ que tengo aquí son de oro.
　　　　　　a. estas　　　　　**b.** éstas　　　　　　**c.** esas

_c_　　6. Este tejido es más grande que ___ que vimos el otro día.
　　　　　　a. aquel　　　　　**b.** este　　　　　　**c.** aquél

_b_　　7. No compré el plato de madera. Compré ___ de cerámica.
　　　　　　a. la　　　　　　**b.** el　　　　　　　**c.** los

_c_　　8. Busco unos zapatos de cuero. ___ de plástico no me gustan.
　　　　　　a. Aquél　　　　**b.** Las　　　　　　**c.** Los

_a_　　9. Las joyas de oro son caras. ___ de plata cuestan menos.
　　　　　　a. Las　　　　　**b.** Aquellas　　　**c.** La

A nuestro alrededor

1 Mira las palabras del cuadro. Decide si cada palabra representa un animal que vuela *(flies)*, un animal que no vuela o si no es un animal. Escribe cada palabra en la columna apropiada.

| búho | terremoto | oso | granizo | tormenta | lagarto | buitre | águila | lobo |

Es un animal que vuela	Es un animal que no vuela	No es un animal
búho	oso	terremoto
buitre	lagarto	granizo
águila	lobo	tormenta

2 Escoge la palabra o frase que completa cada oración sobre cosas en la naturaleza.

__b__ 1. ___ es una planta que vive en lugares secos.
    a. El buitre   **b.** El cactus   **c.** La niebla

__a__ 2. Durante una tormenta, escuchas el trueno y ves los ___.
    a. relámpagos   **b.** lagartos   **c.** terremotos

__b__ 3. Cuando hay mucha ___, no se ve muy bien.
    a. brisa   **b.** niebla   **c.** piedra

__c__ 4. En el otoño, ___ se caen al suelo *(ground)*.
    a. los árboles   **b.** las piedras   **c.** las hojas

__c__ 5. Si llueve sólo un poco, se dice que está ___.
    a. nevando   **b.** huyendo   **c.** lloviznando

3 Lee cada oración y escribe el lugar que está describiendo.

__la montaña__ 1. Es un lugar muy alto adonde va la gente para hacer escalada deportiva y para esquíar. En el invierno, nieva mucho aquí.

__la cueva__ 2. Es un lugar hecho de piedra donde no hay mucha luz. Normalmente los osos viven allí.

__el desierto__ 3. Es un lugar muy árido donde casi nunca llueve y hace mucho calor.

__el río__ 4. Es un lugar donde viven muchos peces. El Mississippi es un ejemplo.

__el bosque__ 5. Es un lugar donde hay muchos árboles altos y animales como osos y búhos.

(97)

VOCABULARIO 1

4 ¿Qué tiempo hacía? Mira los dibujos y escribe una oración indicando qué tiempo hacía.

MODELO <u>Había relámpagos.</u>

1. <u>Hoy estaba soleado.</u>

2. <u>Estaba lloviznando.</u>

3. <u>Pasó un tornado por aquí.</u>

4. <u>Estaba nevando.</u>

5. <u>Había una brisa fresca por la tarde.</u>

6. <u>Había una tormenta.</u>

5 Contesta las siguientes preguntas en oraciones completas.

1. ¿Adónde fuiste de vacaciones durante el invierno?
   Fui a las montañas de Vermont.

2. ¿Estaba húmedo?
   Sí, llovió durante todo el viaje.

3. ¿Qué te pasó cuando dabas una caminata?
   Mientras daba una caminata, vi un oso.

4. ¿Qué hiciste cuando viste la serpiente?
   Decidí huir.

98

6 Hugo pasó unos días en el bosque. Por la noche escribió en su diario lo que pasó durante el día. Completa lo que escribió con las palabras del cuadro.

lloviznando	águila	bosque	miedo	frío
gritar por ayuda	lobo	niebla	grados centígrados	caminata

Diario

19 de noviembre

Hoy muy temprano, fuimos a dar una (1)___caminata___ por el otro lado del

(2)___bosque___. Hacía mucho (3)___frío___; había (4)___niebla___

y estaba (5)___lloviznando___. Nos dijeron que hacía 4 (6)___grados centígrados___.

Después de caminar un rato, vimos un (7)___águila___ que volaba cerca

de la montaña. Cuando regresamos vimos un (8)___lobo___ cerca de

nosotros; la verdad es que nos dio un poco de (9)___miedo___, así que

decidimos correr y (10)___gritar por ayuda___. Fue un día interesante.

7 Escribe una oración para cada dibujo. Describe lo que ves en el dibujo.

Answers will vary, but may include the following words:
1. ___bosque / oso / árbol / hojas___

2. ___soleado / árido / desierto___

3. ___la isla tropical / el mar / las olas / la costa___

4. ___el lago / remar / la tienda de campaña / la fogata / hacer camping___

A nuestro alrededor

Comparing quantities; adjectives as nouns

- Use **más que, menos que,** and **tanto como** after the verb to compare how much something happens.

  Los osos duermen **más que** los lobos.   *Bears sleep **more than** wolves.*
  Los buitres vuelan **menos que** las águilas.   *Vultures fly **less than** eagles.*
  No camino **tanto como** antes.   *I don't walk **as much as** before.*

- Use the expressions **más… que, menos… que,** and **tanto(a/os/as)… como** with **nouns** to compare quantities.

  Hay **más** tornados en este lugar **que** huracanes.
  *There are **more** tornadoes here **than** hurricanes.*
  En el desierto hay **menos** coyotes **que** serpientes.
  *In the desert there are **fewer** coyotes **than** snakes.*
  Este invierno hubo **tantas** tormentas **como** el invierno pasado.
  *This winter there were **as many** storms **as** last winter.*

- Use **más, menos, tanto, tantos, tanta,** and **tantas** without the noun to avoid repetition.

  —He tenido mucho calor.   *I've been very hot.*
  —Aquí hace **menos** que en el desierto.   *It's less hot here than in the desert.*

---

8 Lee las oraciones y di si son ciertas o falsas basándote en la lectura.

¿Qué tiempo hace?

El clima de mi ciudad no es el mismo de antes. Antes hacía mucho frío. Ahora hace mucho calor. Recuerdo que en el mes de octubre ya hacía mucho frío y no podíamos jugar afuera. Ahora podemos jugar afuera en el verano y también en el otoño. Este verano llovió muy poco. El verano pasado llovía todos los días y vimos más flores. Lo bueno es que este año sólo pasó un tornado, no como el año pasado en que tuvimos tres.

**falso** 1. Ahora hace más frío que antes.

**cierto** 2. Ahora se puede jugar afuera en verano tanto como en otoño.

**falso** 3. Este verano llovió más que el año pasado.

**cierto** 4. El año pasado hubo más tornados que este año.

**falso** 5. Hace menos calor ahora que antes.

**falso** 6. Este año vimos tantas flores como el año pasado.

---

(100)

GRAMÁTICA 1

Using the preterite and imperfect to begin a story

- You have used the **preterite** and the **imperfect** to tell what people and things were like, to give background information, to set the scene, and to tell about what happened.

- When telling a story in the past, use both the preterite and the imperfect. Begin a story with the following expressions:

    Érase una vez   **Había una vez**   **Hace unos (muchos, cinco…) años**

- To say what happened in the past, use these expressions:

    de repente   **en seguida**   **un día**

    Érase una vez un joven que le **gustaba** dar caminatas por el bosque. Siempre **iba** con su perro. **Un día** se encontró con un lobo.
    *Once upon a time, there was a boy who **liked** to take walks in the forest. He always **went** with his dog. **One day** he came upon a wolf.*

---

9 Tía Rosita está de visita y les cuenta un cuento a sus sobrinos antes de dormir. Completa el cuento con las palabras del cuadro.

un día	érase una vez	estaba	pasó	salí	de repente	vio
pasaba	caminaba	perdió	seguía	vivía	preguntó	

MODELO <u>Érase una vez</u> un niño que <u>vivía</u> en El Paso.

(1)_____Un día_____ se (2)_____perdió_____ en el desierto. El pobre niño

(3)_____estaba_____ muy preocupado. Caminaba y (4)_____caminaba_____ sin

saber qué hacer. Un cactus le (5)_____preguntó_____: "¿Qué te (6)_____pasó_____?"

"Me perdí", dijo el niñó, "y no sé cómo regresar a mi casa." (7)_____De repente_____

el cactus (8)_____vio_____ un águila que (9)_____pasaba_____ volando y le dijo al

niño que si la (10)_____seguía_____ podía encontrar el camino a su casa.

GRAMÁTICA 1

Using the preterite and imperfect to continue and end a story

- Remember the different uses of the imperfect and the preterite.
- Use these phrases to continue your story:

    fue cuando   **entonces**   **luego**   **después**

- Use these phrases to end your story:

    por fin   **al final**   **vivieron felices**   **así fue que**

---

10 Lee las oraciones de "Blanca nieves" *("Snow White")* y escoge la forma correcta de los verbos entre paréntesis.

Érase una vez una muchacha que se llamaba Blanca nieves quien (1)___vivía___ (vivía / vivió) con su madrastra *(stepmother)*. Blanca nieves (2)___era___ (era / fue) muy bonita. Un día, su madrastra le (3)___preguntó___ (preguntaba / preguntó) a su espejo: "Quién es la más bonita?" El espejo le (4)___dijo___ (decía / dijo): "Blanca nieves." La madrastra (5)___dijo___ (decía / dijo) a un cazador *(hunter):* "Blanca nieves tiene que morirse." Pero él (6)___era___ (era / fue) un hombre amable y no pudo hacerlo.

11 Usando las pistas (clues) abajo, escribe oraciones para completar el cuento de "Ricitos de Oro y los Tres Osos" *("Goldilocks and the Three Bears")*.

Una vez había tres osos que vivían en una casa del bosque: Papá, Mamá y Bebé.

(un día / Mamá / hacer / sopa rica) __Un día Mamá hizo una sopa rica.__

_____

Papá puso tres platos en la mesa.

(como / ser / mediodía / ellos / sentarse / para comer) __Como era mediodía,__
__ellos se sentaron para comer.__

_____

Todos tenían mucha hambre.

(primero / Papá / probar / la sopa / estar / demasiado caliente) __Primero, Papá__
__probó la sopa pero estaba demasiado caliente.__

_____

Bebé y Mamá no podían comerla porque estaba caliente como la sopa de Papá.

(Los osos / decidir / dar una caminata / mientras / esperar / porque / hacer / sol)
__Los osos decidieron dar una caminata mientras esperaban porque hacía sol.__

_____

A nuestro alrededor

12 Completa el crucigrama usando las pistas de abajo.

HORIZONTAL

3. Lugar donde termina el mar. Tiene mucha arena.

4. Sacar peces del mar o del río.

7. Son para los ojos. (3 palabras)

VERTICAL

1. Sirven para ver de cerca lo que está muy lejos.

2. Lámpara de mano.

5. Se encuentra en las playas.

6. Da calor por las noches en un campamento.

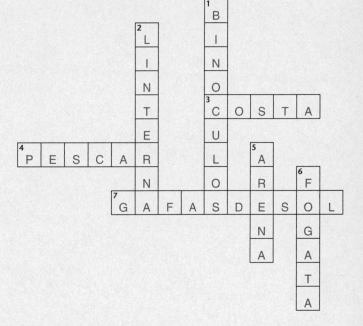

13 Lucía no sabe para qué sirven los objetos de la derecha. Une cada objeto con su uso.

___e___ **1.** Lo que usas para cuidar la piel del sol.

___f___ **2.** Lo que usas para dormir cuando vas a hacer camping.

___c___ **3.** Lo que usas para pescar.

___b___ **4.** Se las pone cuando hace mucho sol.

___a___ **5.** Lo que usas para ver de noche.

___g___ **6.** Juegas con esto en la arena.

___d___ **7.** Lo que usas para ver cosas que están lejos.

a. la linterna
b. las gafas de sol
c. la caña de pescar
d. los binóculos
e. la crema protectora
f. la tienda de campaña
g. el balón de playa

VOCABULARIO 2

14 Miguel va a ir de vacaciones a la costa y habla de lo que se puede hacer allí.
Escribe si lo que dice es **lógico** o **ilógico.**

MODELO <u>ilógico</u> Se puede hacer ecoturismo en un edificio.

<u>lógico</u>   **1.** Para volar con ala delta hay que subir a una montaña.

<u>ilógico</u>   **2.** Se puede remar en bote cuando el mar tiene muchas
            olas grandes.

<u>lógico</u>   **3.** Si quieres explorar cuevas debajo del mar, debes saber
            bucear.

<u>lógico</u>   **4.** Si sabes nadar bien, entonces puedes tirarte al agua.

<u>lógico</u>   **5.** A muchas personas les gusta observar la naturaleza con
            binóculos.

<u>ilógico</u>   **6.** No se necesita viento ni brisa para hacer windsurf.

15 Vas a ir a la costa y un amigo te pregunta qué vas a hacer allí. Contesta las
preguntas. Escribe oraciones completas con las palabras entre paréntesis.

MODELO ¿Adónde irás este fin de semana? (costa)
            Iré a la costa. **Answers will vary. Possible answers:**

1. ¿Qué van a hacer tú y tus amigos si hay viento? (windsurf)
Vamos a hacer windsurf.

2. ¿Qué vas a hacer en el mar? (bucear)
Voy a bucear en el mar.

3. ¿Qué vas a hacer si hay marea baja? (caracoles / arena)
Voy a buscar caracoles en la arena.

4. ¿Adónde van tu familia y tú? (ver ballenas)
Vamos a ver ballenas.

5. ¿Qué más van a hacer allí? (ecoturismo)
Vamos a hacer ecoturismo.

6. ¿Qué van a hacer tú y tu familia en el mar? (jugar / las olas)
Vamos a jugar en las olas.

   (104)

CAPÍTULO

9

VOCABULARIO 2

16 El papá de Manuel viaja mucho y siempre se pregunta *(wonders)* cómo será el clima en los lugares a los que va. Contesta sus preguntas. Usa palabras como **será, hará** o **habrá. Answers will vary. Possible answers:**

MODELO ¿Cómo será el clima en el desierto de Nevada?
Hará mucho calor.

¿Cómo será el clima…

1. en la costa de Florida?
   Hará mucho sol.

2. en los bosques de California?
   Hará 65 grados Fahrenheit.

3. en el estado de Texas?
   Habrá un tornado.

4. en las montañas de Alaska?
   Hará 5 grados Fahrenheit.

5. en una isla tropical?
   Habrá una brisa fresca.

17 Mi compañero de cuarto está nervioso porque mañana se va de viaje. Completa lo que dice con las palabras del cuadro.

mañana	estarán	hará	crema protectora
ecoturismo	divertido	clima	

MODELO <u>Mañana</u> voy a Cancún.

—No sé cómo será el (1)____**clima**____ de la costa. ¿(2)____**Hará**____ mucho calor? Espero poder hacer un poco de (3)____**ecoturismo**____. ¿Dónde (4)____**estarán**____ mis gafas de sol y mi (5)__**crema protectora**__? Quiero observar la naturaleza. Voy a tener que llevar mis (6)____**binóculos**____. Creo que mi viaje va a ser muy (7)____**divertido**____.

A nuestro alrededor

Subjunctive mood for hopes and wishes

• Use the **subjunctive mood** to talk about something you hope or wish for.

• When **que** is used to join one sentence to another to express a hope or wish, the verb after **que** is in the **subjunctive**.

Marta **desea** *que* las olas **sean** grandes.

• To form the **present subjunctive,** add the following **endings** to the present indicative **yo** form.

	-ar	-er	-ir
yo	compr**e**	conozc**a**	salg**a**
tú	compr**es**	conozc**as**	salg**as**
usted, él, ella	compr**e**	conozc**a**	salg**a**
nosotros/as	compr**emos**	conozc**amos**	salg**amos**
vosotros/as	compr**éis**	conozc**áis**	salg**áis**
ustedes, ellos, ellas	compr**en**	conozc**an**	salg**an**

• Some verbs are irregular in the **subjunctive.**

ir		ser		volver (ue)	
vaya	**vayamos**	**sea**	**seamos**	**vuelva**	**volvamos**
vayas	**vayáis**	**seas**	**seáis**	**vuelvas**	**volváis**
vaya	**vayan**	**sea**	**sean**	**vuelva**	**vuelvan**

---

18 Raúl y su familia están de vacaciones. ¿Qué prefiere hacer cada uno? Escoge el verbo que mejor completa cada oración.

MODELO Alicia espera que la isla <u>sea</u> maravillosa.

1. Raúl espera que su papá _____compre_____ (compre / compra) unos binóculos.

2. Mariana quiere que todos _____exploren_____ (exploren / exploran) cuevas.

3. El hermano menor quiere que Mariana _____lleve_____ (lleva / lleve) el balón de playa.

4. Yo quiero que papá _____vaya_____ (vayas / vaya) a la tienda por cañas de pescar.

5. Él prefiere que yo _____vaya_____ (vaya / vayamos) a comprarlas.

6. Mamá espera que nosotros _____volvamos_____ (vuelva / volvamos) a tiempo para ir a la escuela.

GRAMÁTICA 2

Subjunctive of stem-changing -ir and irregular verbs

- Use the **subjunctive mood** after the expression **ojalá que.**

    Ojalá que (tú) **pidas** ese regalo.

- Stem changing **-ir** verbs have the following **stem changes** in the subjunctive.

	dormir(o ➜ **ue, u**)	sentirse(e ➜ **ie, i**)	pedir(e ➜ **i**)
yo	d**ue**rma	me s**ie**nta	p**i**da
tú	d**ue**rmas	te s**ie**ntas	p**i**das
usted, él, ella	d**ue**rma	se s**ie**nta	p**i**da
nosotros/as	d**u**rmamos	nos s**i**ntamos	p**i**damos
vosotros/as	d**u**rmáis	os s**i**ntáis	p**i**dáis
ustedes, ellos, ellas	d**ue**rman	se s**ie**ntan	p**i**dan

- The verbs **estar** and **dar** have irregular endings in the present subjunctive. The verb **haber** has only one form: **haya. Saber** is also irregular in the present subjunctive.

	estar	dar	saber
yo	est**é**	d**é**	**sepa**
tú	est**és**	des	**sepas**
usted, él, ella	est**é**	d**é**	**sepa**
nosotros/as	estemos	demos	**sepamos**
vosotros/as	estéis	deis	**sepáis**
ustedes, ellos, ellas	est**én**	den	**sepan**

---

19 Sonia habla con su mamá sobre sus próximas vacaciones y le dice lo que quiere. Completa el diálogo con el subjuntivo de los verbos en paréntesis.

MODELO Espero que <u>vayamos</u> (nosotros / ir) de camping al bosque.

—Ojalá que (1)____**pueda**____ (yo / poder) poner la tienda de campaña esta vez.

—Tú papá quiere que (2)____**remen**____ (ustedes / remar) en el lago.

—Sí, vamos a remar, pero ojalá que no (3)____**haya**____ (haber) viento.

—Vamos a ver las noticias del tiempo para que (4)____**sepamos**____ (nosotros / saber) qué podemos hacer.

—Está bien. Sólo espero que papá no (5)____**pida**____ (él / pedir) en la mañana que (6)____**nademos**____ (nosotros / nadar), ¡el agua está muy fría!

—Bueno, ojalá que cuando (7)____**estemos**____ (nosotros / estar) allá no (8)____**te duermas**____ (tú / dormirse) tarde.

(107)

GRAMÁTICA 2

The future tense

- Use the future tense to say what will or will not happen. Add these endings to the infinitive of a verb to form the **future tense.**

	estar	ver	ir
yo	estar**é**	ver**é**	ir**é**
tú	estar**ás**	ver**ás**	ir**ás**
usted, él, ella	estar**á**	ver**á**	ir**á**
nosotros/as	estar**emos**	ver**emos**	ir**emos**
vosotros/as	estar**éis**	ver**éis**	ir**éis**
ustedes, ellos, ellas	estar**án**	ver**án**	ir**án**

Irán a bucear antes de irse.   They **will go scuba diving** before they leave.

- The future of **hay** is **habrá** (there will be).

- These verbs have an irregular stem in the future tense.

decir: **dir-**	poner: **pondr-**	valer: **valdr-**
hacer: **har-**	querer: **querr-**	venir: **vendr-**
poder: **podr-**	salir: **saldr-**	tener: **tendr-**

En la costa **querrás** remar y **dirás** que es muy fácil.
*On the coast, **you'll want** to row and **you will say** that it's very easy.*

- The future tense is also used to say *what is likely to happen.*

Tú te **sentirás** feliz.   *You **will probably be** very happy.*

---

20 Tu hermano tiene muchas preguntas sobre las vacaciones de tu familia. Contesta sus preguntas con oraciones completas usando verbos en el futuro.

MODELO —¿Bucearás en el mar?   **Answers will vary. Possible answers:**
   —No, no bucearé porque el mar me da miedo.

1. ¿Tú y yo pescaremos?
   Sí, pescaremos mañana porque hará buen tiempo.

2. ¿Mamá y Papá se bañarán en el mar?
   No, no se bañarán en el mar, porque a ellos les gusta la piscina.

3. ¿Me enseñarás a pescar?
   Sí, te enseñaré por la tarde.

4. ¿Observarás la naturaleza?
   No observaré la naturaleza porque no sé donde están mis binóculos.

5. ¿Tú y tus amigos explorarán cuevas?
   No exploremos cuevas, porque a Dani le dan miedo.

De vacaciones

1 Marcos y Julieta juegan a las adivinanzas. Marcos describe algo y Julieta le dice qué es. Escribe la parte de Julieta. Usa las palabras del cuadro.

el plano de la ciudad	la cabina telefónica	tomar un taxi la guía turística
quedarte con parientes	el rollo de película	hacer una llamada por cobrar

MODELO Marcos Si quieres llamar por teléfono y no tienes dinero, puedes...
Julieta hacer una llamada por cobrar.

Marcos Si no tienes carro puedes...
Julieta **tomar un taxi.**

Marcos Para conocer una ciudad nueva, puedes encontrar lugares de interés con...
Julieta **el plano de la ciudad.**

Marcos Si no quieres pagar un hotel, puedes...
Julieta **quedarte con parientes.**

Marcos Si quieres saber los lugares principales para visitar, debes tener...
Julieta **la guía turística.**

Marcos Para poder sacar fotos con una cámara, necesitas...
Julieta **el rollo de película.**

Marcos Para hacer una llamada desde la calle, usas...
Julieta **la cabina telefónica.**

2 Estos turistas piden y reciben algunas recomendaciones. Escribe la letra de la oración que corresponda según el contexto.

___f___ 1. ¿Qué hotel me recomienda?

___d___ 2. ¿Dónde puedo hacer una llamada por cobrar?

___a___ 3. ¿Qué restaurante me recomienda?

___c___ 4. ¿Debo tomar un autobús para llegar ahí?

___b___ 5. ¿Qué hay que hacer por aquí?

___e___ 6. ¿Se puede recorrer el puerto en lancha?

a. ¿Ya probó la comida de "La casa bonita"? Es muy rica.
b. Si no ha ido al acuario, debe ir. Es uno de los mejores.
c. Yo le recomiendo que tome un taxi; no son caros.
d. Hay una cabina telefónica en la esquina.
e. Sí, pero necesita hacer una reservación.
f. Hay uno bonito y muy limpio cerca de aquí.

3 Unos amigos están de viaje y van a pagar algunas cosas. Mira los dibujos y completa las oraciones.

MODELO ¿Crees que esta cantidad de
dinero __en efectivo__ es suficiente?

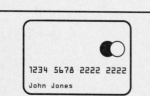

1.

2.

3.

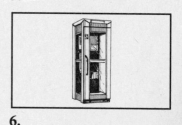

4.

5.

6.

1. Tengo que _____firmar_____ los cheques de viajero antes de pagar.

2. ¿Por qué no vamos a _pedir información_ sobre los horarios de los bancos?

3. Sí, vamos a la _oficina de turismo_. Ahí también dan información sobre los lugares que queremos visitar.

4. Aquí no se aceptan _tarjetas de crédito_. Pago con cheques de viajero.

5. Necesito ir a los _____aseos_____ antes de salir.

6. ¿Dónde puedo _hacer una llamada_?

4 Completa cada oración con la palabra o frase apropiada.

__c__ 1. Si estás visitando una ciudad por la primera vez, eres un ___.
a. taxista   b. guía   c. turista

__a__ 2. Para pagar en efectivo, necesitas ___.
a. billetes   b. botones   c. aseos

__c__ 3. Cuando llegas a un hotel, el ___ puede ayudarte con tu equipaje.
a. recepcionista   b. farmacéutico   c. botones

__b__ 4. Puedes hospedarte en un hotel, un albergue juvenil o ___.
a. un castillo   b. una pensión   c. una cabina

5 Te encuentras con un turista que quiere información. Contesta las preguntas con oraciones completas con las palabras en paréntesis. **Answers will vary. Possible answers:**

MODELO ¿Sabe usted cuánto cuesta el metro? (no estar seguro / barato)
No estoy seguro, pero es barato.

1. ¿Me podría decir a qué hora llega el botones? (hoy / no venir a trabajar)
Hoy no viene a trabajar.

2. Disculpe, ¿dónde hay un albergue juvenil por aquí? (hay cerca / enfrente del museo)
Hay uno muy cerca. Está enfrente del museo.

3. ¿Sabe usted dónde puedo comprar una guía turística? (vender / quiosco)
Sí, las venden en cualquier quiosco.

4. ¿Me podría decir si hoy abre el teatro? (no sé / preguntar / ayuntamiento)
No sé. Puede preguntar en el ayuntamiento.

5. Disculpe ¿sabe Ud. cuánto cuestan las entradas? (Por supuesto / gratis)
Por supuesto, las entradas son gratis.

6. ¿Dónde están los aseos en este edificio? (primer piso / izquierda)
Están en el primero piso, a la izquierda.

6 Unos estudiantes están en el centro de una ciudad que visitan y piden información en lugares diferentes. Escribe una pregunta diferente para cada lugar abajo. **Answers will vary. Possible answers:**

MODELO banco   Disculpe, ¿a qué hora cierra el banco?

1. farmacia **¿Qué me recomienda para un dolor de cabeza?**
2. pensión **¿Cuánto cuesta una habitación?**
3. aseos **¿Dónde están los aseos?**
4. aeropuerto **¿Dónde se puede facturar el equipaje?**
5. oficina de turismo **¿Se venden guías turísticas aquí?**
6. ayuntamiento **¿Se puede sacar la licencia de conducir aquí?**
7. metro **¿Cuánto cuesta viajar por metro?**

(111)

De vacaciones

The present perfect

- Use the present perfect to...

   - say what has or has not happened in the time leading up to the present.
   Todavía no **ha comprado** los boletos.   *He still **hasn't bought** the tickets.*
   - talk about something that happened very recently.
   Hemos comido en este restaurante.   *We've eaten in this restaurant.*

- The present perfect is formed with the present tense of the verb **haber** followed by the past participle of the main verb.

yo	he subido	nosotros/as	hemos subido
tú	has subido	vosotros/as	habéis subido
Ud., él, ella	ha subido	Uds., ellos, ellas	han subido

- Add the ending **-ído** to **-er/-ir** verbs with stems ending in **-a, -e,** or **-o** to form the past participle.

   Nunca me **he reído** tanto.   *I **have never laughed** as much.*
   The past participle of the verb **ir** is **ido**.

- Reflexive and object pronouns go before the conjugated form of **haber** in the present perfect.

   Necesito la guía turística. **¿La has visto?**   *I need the guide book. **Have you seen it?***

---

7 Laura no habla bien el español. Con las palabras abajo, escribe oraciones en el presente perfecto para explicarle qué han hecho hoy tú y tus amigos.

MODELO Yo / tomar taxi / centro   <u>Yo he tomado un taxi para ir al centro.</u>

1. Clara / viajar a Canadá / avión
   <u>Ella ha viajado a Canadá por avión.</u>

2. Roberto y yo / pedir información / albergue juvenil
   <u>Nosotros hemos pedido información sobre un albergue juvenil.</u>

3. Yo / comprar entradas / museo
   <u>Yo he comprado las entradas para el museo.</u>

4. Jaime y Frida / llamar recepcionista / pedirle llave
   <u>Ellos han llamado a la recepcionista para pedirle la llave.</u>

5. Luís y yo / perder tarjeta de crédito / pensión
   <u>Nosotros hemos perdido la tarjeta de crédito en la pensión.</u>

Cuaderno de vocabulario y gramática

GRAMÁTICA 1

> ### Irregular past participles
>
> • Some verbs have irregular past participles.
>
> | | | |
> |---|---|---|
> | romper: **roto** | decir: **dicho** | ver: **visto** |
> | abrir: **abierto** | hacer: **hecho** | escribir: **escrito** |
> | freír: **frito** | volver: **vuelto** | poner: **puesto** |
> | revolver: **revuelto** | | |
>
> No **he abierto** la carta que recibí.   *I **haven't opened** the letter I received.*

8 La familia Gómez está de vacaciones en la playa. Escribe lo que ha(n) hecho.

MODELO Raúl / hacer windsurf   <u>Raúl ha hecho windsurf.</u>

1. Marta / escribir cartas

   Marta ha escrito cartas.

2. Los señores Gómez / volver temprano al hotel

   Los señores Gómez han vuelto temprano al hotel.

3. Tú / ver peces

   Tú has visto peces.

4. Roberto y yo / hacer castillos de arena

   Roberto y yo hemos hecho castillos de arena.

5. Yo / poner las toallas en la arena

   Yo he puesto las toallas en la arena.

9 Tío Alberto está de vacaciones en Alaska, y te llama por teléfono. ¿Qué le preguntas? Usa los verbos abajo para hacer tus preguntas.   **Answers will vary. Possible answers.**

MODELO (abrir / paquete)   <u>¿Has abierto el paquete que te mandé?</u>

1. (ver / las fotos) <u>¿Has visto las fotos de la montaña?</u>

2. (poner / la chaqueta) <u>¿Has puesto la chaqueta que te regalamos?</u>

3. (escribir / la familia) <u>¿Has escrito una carta a la familia?</u>

4. (hacer / un tour) <u>¿Has hecho un tour del parque nacional?</u>

5. (volver / ese restaurante) <u>¿Has vuelto a ese restaurante que te gusta?</u>

GRAMÁTICA 1

Subjunctive for giving advice

- Use these expressions followed by the subjunctive form of a verb for giving advice or an opinion.

Es mejor que...	*It's best that...*
Es buena idea que...	*It's a good idea to...*
Es importante que...	*It's important that...*

Es buena idea que llames a tus padres al llegar.
It's a good idea to call your parents when you arrive.

- Use these expressions followed by the subjunctive verb form to give advice.

aconsejarle (a alguien) que...	*to advise (someone) to...*
recomendarle (a alguien) que...	*to recommend that (someone)...*
sugerirle (a alguien) que...	*to suggest that (someone)...*

Te aconsejo que busques a la recepcionista en la mañana.
I advise you to look for the receptionist in the morning.

---

10 Dale a tus amigos un consejo lógico. Usa las expresiones del cuadro. Después escribe algo que no les recomiendas. **Answers will vary. Possible answers:**

plano de la ciudad	tarjeta de crédito	binóculos	trajes de baño
cabina telefónica	metro	unas linternas	comida

MODELO Voy a la playa. <u>Te sugiero que lleves trajes de baño.</u>
<u>No te recomiendo que tomes demasiado sol.</u>

1. Voy a hacer ecoturismo.
   Te recomiendo que lleves binóculos. No te sugiero que lleves un
   vestido de gala.

2. Voy a hacer cámping en las montañas.
   Te aconsejo que lleves comida nutritiva. No es buena idea que vayas
   sin unas linternas.

3. Voy a dar una caminata por el centro turístico.
   Es mejor que vayas por la mañana. Te sugiero que no tomes el metro.

4. Voy a hacer una llamada por cobrar.
   Es mejor que uses mi teléfono celular. Te recomiendo que no uses la
   cabina telefónica.

---

(114)

De vacaciones

VOCABULARIO 2

11 Completa el crucigrama *(crossword puzzle)* usando las pistas *(clues)* de abajo.

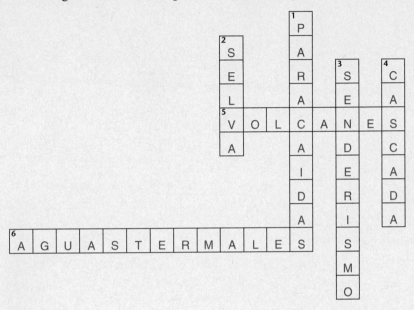

HORIZONTAL

   5. Mt. St. Helens y Mt. Vesuvius son ejemplos de éstos.

   6. Son aguas calientes. (2 palabras)

VERTICAL

   1. Necesitas esta cosa para saltar de un avión.

   2. Lugar con muchos árboles y animales; llueve mucho.

   3. La gente que da caminatas por el campo hace _____.

   4. Es un lugar donde se cae el agua.

12 Completa cada oración con una palabra o frase apropiada.

   1. Conocí a muchas personas porque me hospedé en un albergue juvenil.
     __Me hice amigo__ de una muchacha uruguaya y un muchacho argentino.

   2. Me gusta el mar y quiero visitar muchas islas tropicales. Por eso voy a
     __tomar un crucero__.

   3. Hace dos años que no nos vemos. ___Te echo___ de menos.

   4. Tengo que mandar un correo electrónico. Voy a ir a ___un cibercafé___.

VOCABULARIO 2

13 Antes de salir de viaje, los padres de José y Lola quieren saber si sus hijos saben qué van a ver y conocer. Escribe la letra de la oración que corresponda según el contexto.

<u>c</u>   **1.** Lugar donde pueden comprar un plano y hacer reservaciones.

<u>f</u>   **2.** Lugar donde pueden nadar en el mar, tomar el sol, bucear y jugar.

<u>d</u>   **3.** Es un viaje en un barco grande, que tiene habitaciones y restaurantes.

<u>a</u>   **4.** Es un lugar muy grande, tiene lugares abiertos y allí pueden observar la naturaleza.

<u>e</u>   **5.** Lugar que tiene mesas y sillas, donde se puede tomar té y otras bebidas.

<u>b</u>   **6.** Se necesita tener mucho cuidado para no lastimarse.

> **a.** parque nacional
> **b.** saltar en paracaídas
> **c.** oficina de turismo
> **d.** crucero
> **e.** café
> **f.** costa

14 Durante su viaje, Lola le escribió un correo electrónico a su amiga Alina. Escoge la palabra en paréntesis que mejor completa cada oración.

Nuevo Mensaje   _ □ ✕

Archivo   Editar   Ver   Insertar   Formato   Herramientas   Mensaje   Ayuda

Enviar   Cortar   Copiar   Pegar   Deshacer   Deletrear   Adjuntar   Prioridad

A: _____

Cc: _____

Asunto: _____

B I U A

(1) __Querida__ (Querida / Querido) Alina:

(2) __Espero__ (Quiero / Espero) que estés bien. Yo he **(3)** __hecho__ (hecho / echo) muchas cosas en este viaje. **(4)** __Visité__ (Fui / Visité) la ciudad, donde compré unos **(5)** __recuerdos__ (recuerdos / cafés) de cerámica muy bonitos. Después fuimos a la costa, donde tomamos un **(6)** __crucero__ (cráter / crucero). Nos bajamos en una isla donde había un **(7)** __volcán__ (paracaídas / volcán). Desde ahí se veían algunas personas que se bañaban en aguas **(8)** __termales__ (termales / de lluvia).

Estoy muy contenta, pero te **(9)** __echo__ (tengo / echo) mucho de menos. Dale un **(10)** __saludo__ (saludo / recuerdo) a Tere cuando la veas.

Con cariño, Lola

Nombre _____ Clase _____ Fecha _____

VOCABULARIO 2

CAPÍTULO 10

15 Dos amigos se encuentran después de un tiempo de no verse. Completa la conversación con las palabras del cuadro.

explorar	noticias	repente	cuéntame	crucero	como	digas
pasó	senderismo	sabías	creer	estás	volcán	

—¿Cómo (1) **estás** ? Hace mucho que no te veo.

—Muy bien. Cuéntame, ¿qué (2) **noticias** tienes de Miguel?

—No lo vas a (3) **creer** . ¡Está tomando un (4) **crucero** por el Caribe!

—¡No me (5) **digas** ! Qué bien.

—¿(6) **Sabías** que en el verano fui a (7) **explorar** la selva en América del Sur?

—No lo sabía. (8) **Cuéntame** lo que (9) **pasó** durante tu viaje.

—Algo muy emocionante. El tercer día nos llevaron a hacer (10) **senderismo** . De (11) **repente** un (12) **volcán** que estaba cerca entró en erupción *(erupted)*...

16 Una persona habla por teléfono y tú sólo escuchas lo que responde. Escribe una pregunta para cada respuesta. **Answers will vary. Possible answers:**

MODELO ¿Sigues pensando en visitar Argentina?
        Sí, estoy planeando lo que voy a hacer.

1. ¿Qué noticias tienes de Nico?

   No lo vas a creer, pero toma baños en aguas termales.

2. ¿Ya sabías que vi un volcán este verano?

   ¡No me digas!

3. ¿Sigues planeando ir al mercado esta tarde?

   No, estaba pensando en ir a un cibercafé.

4. Cuéntame lo que pasó el día cuando fuiste al parque nacional.

   Eran como las diez de la noche. De repente cayó una tormenta.

5. ¿Qué hiciste?

   Aprendí sobre los animales.

Cuaderno de vocabulario y gramática

(117)

De vacaciones

The preterite and imperfect

- Use the preterite to talk about the past:

  - on a specific occasion or a specific number of times;
  Nadé en la playa **en el verano.**   *I swam at the beach in the summer.*
  - for a specific period of time;
  Sólo **estuvo** en el parque **dos horas.**   *I was only at the park for two hours.*
  - in a sequence of events;
  Paramos un taxi y nos **subimos.**   *We stopped a taxi and got in.*
  - as a reaction to something else.
  Sentí miedo cuando lo **vi.**   *I was scared when I saw it.*

- Use the imperfect to:

  - say what people, places, or things were generally like;
  Hace unos días no **hacía** tanto calor.   *A few days ago, it wasn't this hot.*
  - say what used to happen for an unspecified period of time;
  Nosotros siempre **viajábamos.**   *We always used to travel.*
  - set the scene;
  Tenía mucha hambre. No **encontraba** nada que comer.
  He was hungry. He couldn't find anything to eat.
  - to explain the background circumstances surrounding an event.
  Él **subía** la escalera y yo **bajaba.**
  He was going up the stairs and I was going down.

17 Martín se fue de vacaciones y uno de sus amigos cuenta lo que hizo. Escoge el verbo correcto en paréntesis para completar las oraciones.

Martín ____**fue**____ (fue / iba) a Sevilla en abril. Él ____**tenía**____ (tuvo / tenía) muchas ganas de conocer esa ciudad. ____**Estaba**____ (Estuvo / Estaba) muy contento y le ____**parecía**____ (parecía / pareció) un sueño estar allí; se ____**hospedó**____ (hospedaba / hospedó) con unos parientes. Ellos le ____**dijeron**____ (decían / dijeron) que en ese mes se ____**celebraban**____ (celebraron / celebraban) las fiestas de Sevilla. Martín se ____**puso**____ (puso / ponía) muy contento cuando lo oyó porque ____**quería**____ (quiso / quería) ver como ____**era**____ (era / fue) esa celebración. La gente ____**estaba**____ (estuvo / estaba) muy alegre, todas las mujeres ____**iban**____ (iban / fueron) vestidas con trajes de colores y flores en el pelo. Algunos ____**llevaban**____ (llevaron / llevaban) ropa de blanco y negro.

(118)

GRAMÁTICA 2

Review of the present progressive and the future

• To form the present progressive, combine a conjugated form of **estar** with the present participle.

   Ella **está vendiendo** las entradas.   *She is selling the tickets.*

• Use the future tense to say what will happen.

   Tomaremos un café y luego **nos iremos** al museo.
   We will have a coffee and then we will leave for the museum.

• Use the future tense to ask about or predict what might be happening.
   ¿**Habrán** ido al centro?   *I wonder if they have gone to the city.*

---

18 Rocío trabaja en el aeropuerto de Bogotá. Allí observa todo lo que pasa. Completa las oraciones usando el **presente progresivo** y los verbos del cuadro.

ayudar	caminar	trabajar	llegar
esperar	pasar	enseñar	hacer

MODELO La gente del aeropuerto <u>está trabajando</u>.

1. La familia ___está llegando___ al aeropuerto.
2. Algunos taxistas ___están ayudando___ a bajar las maletas.
3. Nosotros ___estamos trabajando___ detrás del mostrador.
4. Allí ___están enseñando___ sus boletos de avión.
5. Las maletas ___están pasando___ el control de seguridad.
6. En la sala, la gente ___está esperando___ la salida del avión.

19 Dos hermanos se preguntan qué estará haciendo la gente que conocen. Escribe oraciones para decir o predecir lo que harán las personas. Answers will vary.
Possible answers:

MODELO Nuestros abuelos <u>estarán recorriendo Buenos Aires.</u>

1. Tú / hacerse amigo(a) __Tú estarás haciéndote amigo(a) de alguien.__
2. Nosotros / hospedarse __Nosotros estaremos hospedándonos en un albergue juvenil.__
3. Nuestros amigos / explorar la selva __Nuestros amigos estarán explorando la selva.__
4. Yo / comprar recuerdos __Yo estaré comprando recuerdos.__
5. Papá / hacer senderimo __Papá estará haciendo senderismo.__

(119)

Review of the subjunctive

• Use the subjunctive after the following expressions:

querer que	Quiere que **vayas** al aeropuerto.
preferir que	Prefiero que no **salgamos** esta noche.
esperar que	Espero que **tengamos** buen tiempo.
gustar que	Me gusta que **vayamos** con mis amigos.
recomendar que	¿Me recomiendas que **visite** esa ciudad?
aconsejar que	Te aconsejo que **lleves** cheques de viajero.
Es mejor que	Es mejor que no **salgan** de noche en este vecindario.
Es buena idea que	Es buena idea que **compres** una cámara.

• When the speaker is talking about him or herself, use an infinitive after **querer,** **preferir,** and **esperar.**

Espero salir del hotel temprano.   **Espero que salgas** del hotel temprano.
                                                                            (subjunctive)

---

20 Estos viajeros te piden consejo. Hazle una recomendación a cada una de las personas. Usa las expresiones del cuadro de arriba.

MODELO Dos jóvenes van a hacer camping.   **Answers will vary.**
                    Es buena idea que lleven medicinas.   **Possible answers:**

1. Una profesora va a visitar un museo.
   Le recomiendo que vaya el lunes, cuando la entrada es gratis.

2. Un niño de nueve años viaja solo en avión.
   Es mejor que digas al agente en el mostrador que estás solo.

3. Dos estudiantes de tu colegio van a esquiar.
   Les aconsejo que alquilen los esquís antes de irse.

4. Unos jugadores de fútbol van a hacer senderismo.
   Es buena idea que lleven mucha agua.

5. Una familia va a las cascadas de Agua Azul.
   Espero que saque muchas fotos.

6. Un grupo de parientes viaja a Europa.
   Es mejor que todos se queden en un hotel.

7. Dos señoras van a bañarse en aguas termales.
   Es buena idea que lleven toallas.
